大数据时代的高校教育管理工作研究

潘 晓◎著

图书在版编目（CIP）数据

大数据时代的高校教育管理工作研究 / 潘晓著. --北京：中国商务出版社，2022.10
ISBN 978-7-5103-4387-2

Ⅰ.①大… Ⅱ.①潘… Ⅲ.①高等学校－教育管理－研究 Ⅳ.①G640

中国版本图书馆CIP数据核字（2022）第194813号

大数据时代的高校教育管理工作研究
DASHUJU SHIDAI DE GAOXIAO JIAOYU GUANLI GONGZUO YANJIU

潘晓　著

出　　版：	中国商务出版社
地　　址：	北京市东城区安外东后巷28号　邮　编：100710
责任部门：	教育事业部（010-64283818）
责任编辑：	丁海春
直销客服：	010-64283818
总 发 行：	中国商务出版社发行部　（010-64208388　64515150 ）
网购零售：	中国商务出版社淘宝店　（010-64286917）
网　　址：	http://www.cctpress.com
网　　店：	https://shop162373850.taobao.com
邮　　箱：	347675974@qq.com
印　　刷：	三河市金兆印刷装订有限公司
开　　本：	787毫米×1092毫米　1/16
印　　张：10	字　数：206千字
版　　次：2023年7月第1版	印　次：2024年7月第2次印刷
书　　号：	ISBN 978-7-5103-4387-2
定　　价：	52.00元

凡所购本版图书如有印装质量问题，请与本社印制部联系（电话：010-64248236）

版权所有　盗版必究　（盗版侵权举报可发邮件到本社邮箱：cctp@cctpress.com）

前　言

随着信息技术的快速发展，我国教育事业开始广泛应用大数据技术。大数据时代人们的生活、工作、学习都和数据信息息息相关，大数据给高校教育管理工作也带来了很大的发展机遇。利用大数据技术，高校可以改变教育管理的思维，充分发挥教育管理工作信息化的优势，提高竞争力。因此，高校应顺应时代发展形势，运用大数据技术进行教育管理工作创新，从而推动教育管理工作的长远发展。

鉴于此，笔者撰写了《大数据时代的高校教育管理工作研究》一书，在内容编排上共设置六章：第一章作为本书论述的基础与前提，主要探讨高校教育管理的体系、大数据时代高校教育管理工作的发展；第二章是大数据时代高校教育管理及工作模式，内容包括大数据时代的特征、机遇与挑战，大数据对高校教育管理发展的影响，大数据时代的高校教育管理工作模式；第三、四、五章分别分析大数据时代高校学生教育管理工作、大数据时代高校行政教育管理工作、大数据时代高校教育队伍管理工作；第六章从大数据与教育管理专业的深度融合路径、大数据时代高校教育管理的路径创新实践、大数据时代高校双创教育管理工作的实践三个角度探讨大数据时代高校教育管理工作的创新实践。

本书将大数据与教育管理工作相结合，探寻促进我国高校教育管理工作有效发展的对策，不仅有高校教育管理工作的基础内容阐释，又有对大数据时代高校教育管理各方面工作创新的研究，全书逻辑清晰明了，内容丰富详尽，理论与实践相结合，具备较强的时代性、系统性、操作性和可读性。

本书在撰写过程中，吸收和借鉴了很多专家学者的研究成果，在此表示诚挚的谢意。由于作者水平有限，书中所涉及的内容难免存在纰漏之处，恳请读者提出宝贵意见，使之更加完善。

目 录

第一章 绪论 1
第一节 高校教育管理的体系认知 1
第二节 大数据时代高校教育管理工作的发展 27

第二章 大数据时代高校教育管理及工作模式 29
第一节 大数据时代的特征、机遇与挑战 29
第二节 大数据对高校教育管理发展的影响 31
第三节 大数据时代的高校教育管理工作模式 41

第三章 大数据时代高校学生教育管理工作 45
第一节 高校学生的学习与生活管理工作 45
第二节 高校学生管理工作的信息化构建 53
第三节 大数据时代高校学生教育管理工作的路径 77

第四章 大数据时代高校行政教育管理工作 81
第一节 高校行政管理及其改革措施 81
第二节 高校行政管理人员的专业化建设 97
第三节 大数据时代高校行政教育管理的建设 100

第五章 大数据时代高校教育队伍管理工作 104
第一节 高校教师的教育管理能力及培养 104
第二节 高校教育管理队伍的专业化建设 115
第三节 大数据时代高校教师队伍的精细化管理 117

第六章　大数据时代高校教育管理工作的创新实践 ………… 121
第一节　大数据与教育管理专业的深度融合路径 ……………… 121
第二节　大数据时代高校教育管理的路径创新实践 …………… 125
第三节　大数据时代高校双创教育管理工作的实践研究 ……… 137

参考文献 ……………………………………………………… 152

第一章 绪论

第一节 高校教育管理的体系认知

管理涉及生活中的各方面,人们一般对管理有不同需求和不同角度的解读,若简单从字面意义上而言,管理有管辖和处理的意思,若具体展开而言,管理的定义会多种多样。从教育管理职能和过程的角度而言,教育管理有计划、组织、指挥、协调和控制这些职能,其中根据重点的不同,管理可以有着不同的理解:①从教育管理的协调作用而言,在组织中对人和物资的协调是为了完成组织目标,这一概念活动即教育管理;②从人际关系和人的行为而言,教育管理就是为了调动成员积极性、协调成员人际关系,进而达到组织目标的一种组织活动;③从教育管理中决策的重要地位而言,决策即教育管理;④从系统论的角度,教育管理是一种固有的客观规律,人们可以通过影响系统,从而达到系统更新的效果,这样一个活动的过程就是教育管理。

综上所述,我们可以对教育管理做相对准确的定义,即"教育管理是一种社会活动过程,是在一定的社会组织中,人们为了达到预定的组织目标,利用人力、物力、财力、时间等资源,对组织进行计划控制和决策的社会活动过程"。[①]

一、高校教育管理的理念和原则

(一)高校教育管理的理念

教育管理理念是关于教育的一般原理和规律的理想的观念。当代教育家在总结前人教育思想的基础上,以社会未来人才需求为前提,形成了对教育未来发展的认识理念。所谓教育管理理念,是指关于教育未来发展的理想的观念,它是未来教育发展的一种理想的、永恒的、精神性的和终极的范型。现代教育管理理念为我们提出了教育的理想模式,它作为社会文化的典型代表,保持着对社会政治、经济、文化发展的前瞻性。经过长期对教育实践和教育理论的深入研究,人们为现代教育理念赋予了比较深刻的思想内涵。一方面,在理论层面上,现代教育理念改变了传统教育侧重应试教育的特征,突破了经验导向的束

---

① 胡凌霞;《高校教育管理理念与思维创新》,长春:吉林大学出版社,2020年,第1页。

缚，内容上更加系统，更具有针对性，被赋予了创新精神、冒险精神、开拓精神和批判精神等思想内涵，显示出了客观、可信的科学特征；另一方面，在操作层面上，现代教育理念在指导教育实践过程中更加成熟，呈现出包容性、可行性、持续性的特点，势必对高校教学起到很好的导向作用。现代教育管理理念归纳起来包括以下九方面：

1. 以人为本的理念

当今社会已经由重视科学技术为主发展到以人为本的时代，教育作为培养和造就社会所需要的合格人才以促进社会发展和完善的崇高事业，自然应当全面体现以人为本的时代精神。因此，现代教育强调以人为本，把重视人、理解人、尊重人、爱护人、提升人和发展人的精神贯穿于教育教学的全过程、全方位，它更关注人的现实需要和未来发展，更注重开发和挖掘人自身的禀赋和潜能，更重视人自身的价值及其实现，并致力于培养人的自尊、自信、自爱、自立、自强意识，不断提升人们的精神文化品位和生活质量，从而不断提高人的生存能力和发展能力，促进人自身的发展与完善。鉴于此，现代教育已成为增强民族凝聚力的重要手段，成为综合国力的基础并日益融入时代的潮流之中，备受人们的青睐与关注。

2. 全面发展的理念

现代教育以促进人的自由全面发展为宗旨，因此，它更关注人的发展的完整性、全面性。表现在宏观上，它是面向全体公民的国民性教育，注重民族整体的全面发展，以大力提高和发展全民族的思想道德素质和科学文化素质，提高民族的知识创新能力和技术创新能力，增强包括民族凝聚力在内的综合国力为根本目标；表现在微观上，它以促进每一个学生在德智体美劳全面发展与完善，造就全面发展的人才为己任，这就要求人们在教育观念上实现由精英教育向大众教育、由专业教育向通识教育的转变，在教育方法上采取德智体美劳等并举、整体育人的教育方略。

3. 素质教育的理念

现代教育扬弃了传统教育重视知识的传授与吸纳的教育思想与方法，更注重教育过程中知识向能力的转化工作及其内化为自身的良好素质，强调知识、能力与素质在人才整体结构中的相互作用、辩证统一与和谐发展。针对传统教育重知识传递、轻实践能力，重考试分数、轻综合素质等不足，现代教育更加强调学生实践能力的锻造，全面素质的培养和训练，主张能力与素质是比知识更重要、更稳定、更持久的要素，把学生综合素质的培养与提高作为教育教学的中心工作来抓，以帮助学生学会学习和强化素质为基本教育目标，旨在全面开发学生的多种素质潜能，使知识、能力、素质和谐发展，提高人的整体发展水平。

4. 创造性的理念

传统教育向现代教育的重要转型之一，就是实现由知识性教育向创造力教育转变，因为知识经济更加彰显了人的创造性作用，人的创造力潜能成为最具有价值的不竭资源。现代教育强调教育教学过程是一个高度创造性的过程，以点拨、启发、引导、开发和训练学生的创造力才能为基本目标，它主张以创造性的教育教学手段和优美的教育教学艺术来营造教育教学环境，以充分挖掘和培养人的创造性，培养创造性人才。现代教育认为，完整的创造力教育是由创新教育（旨在培养学生的创新精神、创新能力与创新人格）与创业教育（旨在培养学生的创业精神、创业能力与创业人格）两者结合而形成的生态链构成，因此，加强创新教育与创业教育并促进二者的结合与融合，培养创新、创业型、复合型、人才成为现代教育的基本目标。

5. 主体性的理念

现代教育是一种主体性教育，它充分肯定并尊重人的主体价值，宣扬人的主体性，充分调动并发挥教育主体的能动性，使外在的、客体实施的教育转换成受教育者主体自身的能动活动。主体性理念的核心是充分尊重每一位受教育者的主体地位，"教"始终围绕"学"来开展，以最大限度地开启学生的内在潜力与学习动力，使学生由被动的地接受性客体变成积极的、主动的主体和中心，使教育过程真正成为学生自主自觉的活动和自我建构过程。为此，它要求教育过程要从传统的以教师为中心、以教材为中心、以课堂为中心转变为以学生为中心、以活动为中心、以实践为中心，倡导自主教育、快乐教育、成功教育和研究性学习等新颖活泼的主体性教育模式，以激发学生的学习热情，培养学生的学习兴趣和习惯，提高学生的学习能力，使学生积极主动地、生动活泼地学习和发展。

6. 个性化的理念

丰富的个性发展是创造精神与创新能力的源泉，知识经济时代是一个创新的时代，它需要大批具有丰富而鲜明个性的人才来支撑，因此，它催生出个性化教育理念。现代教育强调尊重个性，正视个性差异，张扬个性，鼓励个性发展，它允许学生发展的不同，主张针对不同的个性特点采用不同的教育方法和评估标准，为每一位学生的个性充分发展创造条件，它把培养完善个性的理念渗透到教育教学的各个要素与环节之中，从而对学生的身心素质特别是人格素质产生深刻而持久的影响力。个性化理念在教育实践中，首先，要求创设和营造个性化的教育环境和氛围，搭建个性化教育大平台；其次，在教育观念上，提倡平等观点、宽容精神与师生互动，承认并尊重学生的个性差异，为每一位学生个性的展示与发展提供平等的机会和条件，鼓励学习者各显神通；最后，在教育方法上，它注意采取不同的教育措施施行个性化教育，注重因材施教，实现从共性化教育模式向个性化教育模式转变，给个性的健康发展提供宽松的生长环境。

7. 开放性的理念

当今时代是一个开放的时代，科学技术的日新月异，信息的网络化、经济的全球化使世界日益成为一个更加紧密联系的有机整体。传统的封闭式教育格局被打破，取而代之的是一种全方位开放式的新型教育，它包括教育观念、教育方式、教育过程的开放性，教育目标的开放性，教育资源的开放性，教育内容的开放性，教育评价的开放性，等等。教育观念的开放性指民族教育要广泛吸取世界一切优秀的教育思想、理论与方法为我所用；教育方式的开放性指教育要走国际化、产业化、社会化的道路；教育过程的开放性指教育要从学历教育向终身教育拓宽，从课堂教育向实践教育、信息网络化教育延伸，从学校教育到社区教育、社会教育拓展；教育目标的开放性指教育旨在不断激发人的创造潜能，不断提升人的自我发展能力，不断拓展人的生存和发展空间；教育资源的开放性指充分开发和利用一切传统的、现代的、民族的、世界的、物质的、精神的、现实的、虚拟的等各种资源用于教育活动，以激活教育实践；教育内容的开放性指教育要面向世界、面向未来、面向现代化设置教育教学环节和课程内容，使教材内容由封闭变得开放、生动和更具现实包容性与新颖性；教育评价的开放性指打破传统的单一文本考试的教育评价模式，建立多元化的更富有弹性的教育评价体系与机制。

8. 多样化的理念

现代社会是一个日益多样化的时代，随着社会结构的高度分化，社会生活的日益复杂和多变，以及人们价值取向的多元化，教育也呈现出多样化发展的态势，首先，表现在教育需求多样化，为适应经济社会发展的要求，人才的规格、标准必然要求多样化；其次，表现在办学主体多样化，教育目标多样化，管理体制多样化；最后，还表现在灵活多样的教育形式、教育手段，衡量教育及人才质量的标准多样化等，这些都对教育教学过程的设计与管理提出了更高的要求与挑战。多样化的理念要求根据不同层次、不同类型、不同管理体制的教育机构与部门进行柔性设计与管理，更推崇符合教育教学实践的弹性教学与弹性管理模式，主张为教育事业的发展提供更加宽松的社会政策法规体系与舆论氛围，以促进教育事业的繁荣与发展。

9. 系统性的理念

随着知识经济的不断发展，终身教育成为现实，教育成为伴随人的一生的重要的活动之一。因而，教育不再仅仅是学校单方面的事情，也不仅仅是个人成长的事情，而是社会进步与发展的大事，是整个国民素质普遍提高的事情，是关乎精神文明建设的全局性、战略性大业，它是一项由诸多要素组成的复杂的社会系统工程，涉及许多行业和部门，所以，需要全社会普遍参与、共同努力才能做好。与传统教育不同，转型时期我国正在形成的是一种社会大教育体系，它需要在系统工程的理念指导下进行统一规划、设计和一体化运作，以培养人们的学习能力，提升人们的生存能力和发展能力为目标，以实现社会系统内部各环节、各部门的协调运作、整体联动为基础，把健全教育社会化网络作为构成教育环境的中心工作来做，促进大教育系统工程的良性运行与有序发展，以满足学习化社会对教育发展的迫切要求。

（二）高校教育管理的原则

1. 高校教育管理原则的特性

原则是人们对客观规律的认识和反映，是指导人们观察和处理问题的准则，由于规律具有不以人的意志为转移的客观性，因此，作为客观规律反映的原则也应该具有一定的客观性。任何管理活动，总是自觉或不自觉地遵循着某种原则，这就是管理原则。为了使管理活动有效，管理原则必须符合客观规律，并且不断地随着社会的变化而发展。

高校教育管理原则是从事高校教育管理时应遵循的活动准则和基本要求，它是从高校教育管理的实践活动中总结提炼出来的，反映了高校教育管理活动的特殊性规律和特点。确立高校教育管理原则，既要借鉴现代管理的一般理论，又要充分考虑高校教育管理的特殊背景；既要追求理论上的相对完备性，又要强调对实际工作的指导意义。尤其要分析各原则是否涵盖，以及在多大程度上涵盖整个高校教育管理领域，从而给高校教育管理原则以科学、客观、合乎逻辑的定位。

管理存在自身的规律，管理活动必须遵循这些规律，一般管理活动的规律就是管理各基本要素之间内在的本质联系和管理过程的逻辑关系。现代行政管理学的理论和方法就是对行政管理活动一般规律的认识和反映。

行政管理思想经历了工业管理、人际关系、结构主义等发展阶段。教育管理在不同场合、不同程度上借鉴了行政管理思想。例如，人际关系理论注意到员工的积极参与、满意、合作以及士气与团体的凝聚力，有可能使生产效率得到提高，这种思想也影响到教育行政管理人员寻找方法提高教师和学生的积极性和主动性，以期最大限度地发挥他们的创造力。

虽然一般的管理理论与方法对高校教育管理原则的确立有一定的借鉴意义，但管理活动不能脱离事物本身的发展规律，高校教育管理必须遵循高校教育的客观规律，高校教育管理按照高校教育规律的要求，调节和协调高校教育活动中的各种关系，以保证高校教育目标和任务的实现。因此，认识和掌握高校教育的客观规律，是确立高校教育管理原则的客观依据。

高校教育的一般基本规律包括两个方面：一是高校教育与社会协调发展的规律；二是高校教育与受教育者身心全面发展相适应的规律。高校教育管理原则必须以这两个规律为前提，才能避免高校教育管理与高校教育工作者之间的对立和冲突，从而最终提高管理效益。与一般的管理活动相比，高校教育活动存在一些特殊规律，它们构成了这门学科专门的研究领域。

（1）高校教育管理原则的特殊性。作为管理对象核心的人，高校与工厂不同。工厂管理者面对的是工人，工人生产的是没有意识的产品；高校教育管理者面对的是教师和学生。教师既是管理对象又是管理者，他们面对的是有意识的学生。学生既是被教师塑造的"产品"，又参与自身塑造，从这个意义上而言，学生也是管理者。因此，高校教育管理中要充分调动教师和学生的积极性和主动性,并为他们创造有利于独立思考、自由发挥的条件和环境。

同时,由于教师和学生都是脑力劳动者,高校教育管理过程以知识为中介,有大量的学术问题,因此,要注意行政管理与学术管理的统一。这也是高校教育管理的特殊性。

(2) 高校教育管理原则的系统性。教育管理原则不应是随机的、零散的,而应构成一个系统,具有整体性、目的性和关联性。

高校教育管理原则体系的整体性在于,各原则围绕怎样提高高校教育管理效率这一目标结合为一体,没有一条原则能脱离原则体系整体而存在。只有存在于原则体系中,每一条原则才有它的功能。而且,原则体系的功能是以整体功能而论,而不以某一条原则的功能而论,原则体系的整体功能不等同于各条原则功能的简单相加。各条原则只有在原则体系整体功能目标即提高高校教育管理效率的指导下,以合理的方式相互联系在一起并充分发挥各自功能,才能保证原则体系整体功能的实现。

高校教育管理原则是从事高校教育管理时应遵循的行为准则和基本要求。高校教育管理原则体系的目的性在于,利用原则指导具体的高校教育管理实践活动,使管理活动更符合客观规律,从而提高高校教育管理效率。高校教育管理原则体系的关联性是指涉及高校教育管理过程的各条原则应该相互依存、相互补充、相互制约。

2. 高校教育管理原则的内容

高校教育管理的基本原则应该是根据一般管理学的原理提出的,同时又特别适用于高校教育管理领域,它们必须全面、准确地反映高校教育管理活动的特点、本质与规律;它们在理论上是完备的,在实际工作中又是切实可行的,能覆盖整个高校教育管理活动领域,普遍有效地指导高校教育管理实践活动。根据上面对高校教育管理原则确立的依据分析,高校教育管理基本原则体系应该包括以下五个方面的内容:

(1) 高校教育管理的方向性原则。管理是一种有目的的活动,管理工作必然有方向。管理成效的大小,主要取决于方向是否正确。任何管理都是为了实现一定的管理目标。管理目标是管理活动的前提,管理目标体现管理的方向。教育是培养人的社会活动,就其本质来说,教育必须与一定的经济等相适应,并为其服务。不论哪种社会性质的高校教育,培养怎样的人都是一个根本问题,是高校教育目标的核心,它集中体现了高校教育管理的方向。

当前教育必须与生产劳动相结合,使受教育者成为德智体美劳全面发展的社会主义建设者和接班人,明确规定了我国高校教育的服务方向、教育目的和实现教育目的的基本途径。

(2) 高校教育管理的高效性原则。任何管理活动,其基本目的都是为了提高组织系统的效率和效益。管理效率和效益的关系,是与管理目标联系在一起的。目标正确,效率越高，效益越好；管理效益的大小就是在消耗一定的人力、物力、财力和时间等资源的条件下，实现管理目标的。

高校教育管理的高效性原则是高校教育管理本质的直接体现和具体化，它要求以一定的高校教育资源投入，培养和提供更多的合格高级专门人才和高水平的研究成果。换言之，培养和提供一定数量的合格人才和研究成果，投入的高校教育资源要求最少。

高校教育所产生的效益是多方面的，它既能促进生产力的发展，又是巩固政治统治和建设精神文明不可或缺的手段，是社会得以延续和发展的重要条件。这些主要体现在提高劳动者素质和培养人才的数量和质量方面，同时，高校教育在发展科学技术文化方面的作用也是十分重要的。

高校教育是需要大量投入的事业，而发展高校教育的资源又是有限的，它靠社会提供，既受社会经济发展水平的制约，也受社会相关制度、管理体制和人们教育观念的制约。因此，高校教育管理既要注重经济效益，即以较少的投入培养更多的人才，注意节省人力、物力和财力，更要注重精神效益、社会效益，即坚持办学的政治方向，全面提高高校教育的质量。

（3）高校教育管理的整体性原则。高校教育管理的整体性原则既决定于高校教育系统的整体性，又受制于培养高级专门人才的高校教育目的。高校教育管理的整体性原则可表述为，以培养人才为中心，科学地组织各方面工作的有效配合，并充分地考虑社会环境中诸多因素的影响。

高校教育的根本任务是培养人才，培养人才不仅要组织好教学工作，还必须有思想教育工作、师资培养工作、科学研究工作、后勤管理工作等与之配合。除了培养人才的职能以外，高等学校还有开展科学研究的职能和直接为社会服务的职能，高校教育管理的目标和内容，不是单一的教育、教学活动的管理，而是包括教育、科学研究和直接为社会服务等活动的综合管理。不论是培养人才、开展科学研究和为社会服务，都与社会系统紧密相关，都必须与社会经济、政治、科学文化相适应，因此，必须把高校教育管理放在整个社会环境中考虑。

①高校教育管理要以培养人才为中心。各方面活动的开展都要服从于培养人才这个首要任务。

第一，要做好培养人才的决策和宏观控制，包括人才培养的预测规划、总体规模、发展速度、结构布局等，以及通过组织、计划、协调、立法、拨款、检查评估等手段，保证培养人才的数量和质量。

第二，就高等学校的管理而言，各部门的工作都要面向学生，教学和思想教育工作要遵循人才成长规律，科研、生产工作要与教学工作结合，后勤工作要为教学和科研服务，而不能各自为政，各行其是。

②要处理好教学和科研的关系，使两者相互结合，相互促进。教学是高等学校培养人

才的主要方式和基本途径。但是，不能把教学工作仅理解为课堂讲授。

第一，教学活动既包括通过课堂讲授使学生学到间接知识，也包括指导学生获得直接知识和掌握学习方法。因此，教学是传授知识、发展智力、培养能力和形成良好思想品德的综合过程。

第二，科学研究是培养人才的重要途径，把科学研究引入教学过程是高等学校教学过程的一个重要特点，它能给学生创造全面发展智能的环境和条件。

第三，学生通过参加科学研究能够有目的地、主动地学习，完成研究任务所需要的理论知识；进行积极思维，在实践中发展各方面的能力，培养创新精神；还能培养学生养成严谨的治学态度、踏实的工作作风和团结合作的精神；能更好地促进师生之间教与学两方面的信息交流，使教师对学生了解得更深入更具体，有利于实行因材施教，更好地发挥学生的特长和主动性。

第四，开展科学研究还能够提高等学校教师的学术水平，充实和更新教学内容，改进教学方法，使教学质量不断提高。因此，不应该把科学研究和教学对立起来，而应该使两者互相结合，互相促进。高等学校教学传授给学生的知识，是前人实践经验的系统总结。科学研究正是在已有知识的基础上探索和总结新的知识，进一步加深对客观世界规律性的认识。因此，从人们的认识活动而言，只有开展科学研究，把生产实践和科学实验的成果总结成各种理论体系，使人们不断地获得新的知识和能力，才有可能进行各门学科和专业的教学。

从这个意义上，科学研究是"源"，教学是"流"，科学研究总是走在教学的前面。在教学中给学生讲授的理论知识，并不需要也不应该要求教师都通过自己的研究实践进行总结和积累。但是，现代科学技术的发展日新月异，高等学校的教师如果不通过开展科学研究，及时了解和掌握本门学科和相关学科的最新动态和发展趋向，而仅停留于传授现成的书本知识，那就不可能提高教育教学质量，培养出适应现代科学技术迅速发展和现代化建设需要的合格人才。

③发展科学技术文化，是高等学校的重要任务。随着现代科学技术日新月异的发展，高科技向现代生产力转化越来越快，高新技术产业在整个经济中的比重不断提高，科技在经济发展中的作用越来越大。21世纪是高新技术迅速发展的新时代，我国现代化建设进入承前启后、继往开来的关键时期，国家的经济建设和社会发展比以往任何时候都要更加倚重于科技进步。在这种形势下，高等学校特别是重点大学的科学研究工作更应加强。

④直接为社会服务也是现代高等学校的一项重要社会职能。高等学校的培养人才、开展科学研究、为社会服务这三项职能是互相联系、相辅相成的。开展各种形式的社会服务，有利于加强学习与社会的联系，增进对社会需求的了解，增强主动适应经济发展和社会发展需要的能力；有利于高等学校的教学更好地理论联系实际，培养锻炼学生解决实际问题

的能力，提高教学质量；有利于进一步发挥学校的潜力，充分调动教师职工的积极性和主动性，通过有偿服务，为学校筹集一部分资金，以弥补办学经费之不足，用以改善办学条件和师生员工的生活条件。

但是，高等学校必须以培养人才为中心，衡量学校工作的根本标准是培养人才的质量和数量，绝不能只看经济收益的多少，搞短期行为，而不顾教学质量和学术水平。因此，一定要处理好培养人才与直接为社会服务的关系。必须统筹兼顾，加强管理，对收益进行合理分配，有利于调动各方面的积极性，特别是在教学第一线工作的教师的积极性。

（4）高校教育管理的民主性原则。高校教育与社会发展相适应的规律决定了高校教育是开放的系统。高校教育发展的历史已经证明，追求科学与民主是高校教育的重大使命。追求科学，可保证高等学校教学、科研的生命活力；发扬民主则是追求科学的保障。

①民主性原则是由高校教育管理封闭性和开放性相统一的规律所决定的。要办好既封闭又开放的高等学校，不发扬民主，不调动师生员工的积极性和创造性是不能想象的。因此，高校教育和高等学校进行重大决策时，都必须发扬民主。

第一，高校教育管理的民主性原则可以表述为：依靠广大教职员工和学生民主管理学校，动员社会力量参与高校教育管理。高校教育领域人才荟萃，学术思想活跃，高校教育管理工作必须注意充分体现学术自由的特点。高等学校的教学与科研，就其本质而言是学术活动，需要充分的思想自由，需要民主制度做保障。因此，对高校教育实行民主管理具有特殊的重要性。

第二，就管理对象的特点而言，在高等学校，教师和学生既是管理对象，又是管理主体。教师和学生的特点，都是从事学术性很强的教学、研究和学习，是精神生产，主要靠自己独立钻研和思考、探索。只有靠内在动力，也就是靠调动他们的积极性和主动性，才能完成管理目标。学校的培养目标、教学计划、教学大纲等，要靠教师去实施；教学内容和教学方法的改革，要靠教师自觉地去探索和实行。同时，也要激发学生的主动性并积极地配合，自主地进行学习。

充分调动教师和学生的积极性，让教师和学生参与管理，这对于增强内聚力，增强对领导管理者的理解和信赖，对于及时改进管理措施，提高有效性，都有极大的好处。因此，高等学校要搞好管理，必须依靠教师发挥能动作用，同时，一切与学生的学习和生活有关的决策，还要注意听取学生的意见。

②管理好一所大学，需要很多学问。就高等学校工作的复杂性而言，在高等学校一般都设有许多专业和课程，有教学、科学研究、生产、思想教育、后勤以及校内校外关系等各方面的工作，有众多的人员，具有极大的复杂性。任何一所大学甚至一个系的领导都不可能完全懂得所设的各专业、各门课程和各方面的工作。从这个意义上，必须依靠调动广大教师职工的积极性，集思广益，共同管理，才有可能把学校办好。有关教学、科学研究、

学科建设的重大决策,一定要注意听取和尊重教师特别是教授的意见。教授在他们所从事的专业、学科领域里是专家,注意听取他们的意见,有助于保证有关决策的正确性;由于教授在学术上的权威性,在师生中有较大影响,他们参与决策,更能够得到师生员工的拥护和信赖,有利于决策的实施;教授的言行对学生有潜移默化的影响,让教授积极参与学校的民主管理,有利于培养学生的社会责任感。

对高校教育的管理,由于高校教育有学术性强、专业学科门类多的特点,要充分尊重专家学者的意见。因此,要给高等学校学术自由和必要的办学自主权。高等学校还有多样化的特点,这是因为社会对高校教育的需求是多样化的,不同地区、不同条件和历史背景的学校是多样的,这要求不仅要处理好中央集权和地方分权的关系,而且要使高等学校有办学自主权,以利于学校办出自己的特色,适应社会的不同需求。

③民主性原则要求制定决策民主化、执行决策民主化和评定决策执行结果民主化。高校教育管理中,决策工作要充分发扬民主精神,这种民主精神体现在,让被管理者民主地参与决策过程,这样可以集思广益,提高决策的科学性,使之更切合实际。

管理者要随时了解和掌握决策的执行情况,在此基础上调整和改进决策的执行方案和方法,在这一过程中,不论是了解执行情况还是调整、改进执行的方案和方法,都离不开民主的作风。管理者应该秉公办事,在处理公务时不应牟取私利,要尊重下属,虚心向他们求教,及时地对方案和方法的执行情况进行调整和改进。

决策执行结果的评定,不仅关系到对本决策的制定者和执行者工作的评价,而且关系到下一个决策的制定和执行。评定工作要贯彻民主原则,有利于激发和强化决策者和执行者的工作热情,有利于发挥和发展他们的创造性,最终有利于高校教育管理效益的提高。

(5)高校教育管理的动态性原则。任何事物都是处于不断变革之中的。管理过程是一个不断发展变化的动态过程。管理对象内部诸要素是不断发展变化的,它们之间的关系也在不断发展变化着,管理系统的外部环境也是变化、发展的。因此,管理过程的实质,就是根据管理对象和条件的变化、发展,对其相互关系做出相应的调整,以实现整体目标。

我国正处于经济转型期,相应地,引起社会生活各个方面的变化,随之需要改革高校教育,使之适应并促进社会经济、文化、科技等体制改革的要求。高校教育作为一种社会技术系统,与外部环境处于动态的相互作用之中。开放系统的一个特点是能够变化其内部子系统,以便对各种环境中的偶然事件做出反应。管理活动与管理对象、管理环境之间有着本质的、必然的联系。高校教育管理过程中要完成的任务、组织的结构、用来完成任务的技术和参与的人员都处于动态之中。

高校教育管理的动态性非常明显。随着现代科学技术的发展,社会对高校教育的需求在不断变化,社会给高校教育提出的条件也在不断变化。高校教育要为社会服务,必须主动提高适应经济和社会发展需要的能力。这就要求高校教育必须不断改革、创新。高校教育体制改革的目标，就是逐步建立使学校具有主动适应国民经济和社会发展需要的有效机制。就高等学校本身来说，学生每年有进有出，教师队伍也需要适时补充和调整，教学和科研的设备也在不断更新。经济体制改革和科技体制改革的深化，对高等学校不断提出新要求。

因此，高校教育管理的动态性原则可表述为，通过不断的改革以主动适应经济和社会发展的需要。动态性原则要求人们做到以下三方面：

①以发展的战略眼光看问题。任何事物都不是静止不变的。只有改革才能促进教育发展，教育要发展则必须不断改革。

②处理好变革与稳定的关系。在变革不适应部分的同时，要继承高校教育合理的内核，既不能墨守成规、抱残守缺，坚持既成的体制和维持现状，也不能全盘否定已往的经验。

③要注意不能朝令夕改，尤其在高校教育改革方面要持慎重的态度。高校教育管理的动态性，从根本上，是由高校教育必须与社会的经济、科技、文化等的要求相适应这一基本规律决定的。由于社会是不断发展的，高校教育也必须随着社会的经济、科技等内容的发展不断改革，以适应社会发展的需要。高校教育管理对象和外部条件的这些变化，管理工作中不断出现的新情况，需要不断地总结新经验，解决新问题。

二、高校教育管理的本质和特点

（一）高校教育管理的本质

1. 协调认知型冲突

在高等教育系统中，从宏观方面，在高等教育如何适应国家经济、文化等的发展，每一个发展时期如何规划，区域高等教育的发展、高等教育发展速度的快慢、高等教育的科类层次结构等的确定，不同的决策者及管理者会产生不同的意见，甚至矛盾。在微观高等教育管理中，学校教育都是非常具体的管理活动，对于学校如何定位、如何发展、如何运用学校有效的教育资源，在培养目标、课程设置、培养计划的拟订和实施、教学与科研活动的具体展开、各项工作的总结评价等方面都可能出现一些不一致和矛盾。

一般而言，增加交换看法、进行交流协商的机会，消除可能由于误会与信息不全所导致的认识上的不一致；进行"和平谈判"，把对各种原因和结果的认识都拿到桌面上来，这需要领导者的权威和协调能力；提供学习机会，提高大学组织内成员的认识能力和观念水平，这不仅针对冲突双方，而且针对冲突涉及的各方，大家都需要提高自身的认识水平；调整或改善组织内部的有关结构，使各种不一致、矛盾和冲突能够最大限度地被比较完善的组织结构和人员组合（搭配）所"稀释"和"化解"；用超然的态度承认并超越某种冲突，这种方法可能有助于解决某种矛盾和冲突。要解决这类矛盾和冲突，最好的办法就是在学习和研究的基础上，开展对高等教育的教育思想、教育观念的大讨论进行认知统一。

要提供公开交流的平台和场所，进行认知交流，认知融化，消除和化解形成矛盾和冲突的原因，使组织成员和冲突各方在观点上达成一致，或者提高他们的认识水平。

2. 协调感情型冲突

感情型冲突是一种非理性的冲突，主要存在于微观高等教育管理的活动中，相对于某个方面的具体事项，带有个人的情感色彩，其原因可能是一些微不足道的小事，也可能是不同的性格、爱好，甚至可能找不到"原因"。在高等教育系统中，解决这类冲突的方法可以通过提高成员的心理素质，使其具有能够承受一定的情感冲突的能力；提高认识水平，认识冲突的原因是微不足道的，认识冲突的结果可能会产生严重后果；施行合理而公正的奖惩手段，坚持规章制度的原则性，对于坚持感情办事而导致不良后果的，做出制度上的处理；进行感情牵引，引导感情向有益的方向发展，如完善和改进目标管理，把成员的注意力集中到实现高等教育目标上去。对于某些历史性的感情冲突，最好的解决办法也许是让时间来协调。

（二）高校教育管理的特点

1. 突出教育功能的特点

高等学校的人才培养工作离不开高校教育管理，高校教育管理除了管理的属性外，还有鲜明的教育属性。

（1）高校教育管理的目标服从和服务于大学生教育的目标。高校的教育管理是为了实现预定的教育目标。大学生踏入大学校门的目的就是为了接受教育，高校如何通过高校教育管理来实现大学育人目标，是高校管理者必须思考的问题，高校教育管理必须以大学生圆满完成预定学习目标为服务基础，制定出可以促进大学生德智体美劳全面发展的管理措施，完成不断地为社会输送人才的目标。高校教育管理与大学生教育目标的关系是，高校教育管理是手段，大学生教育目标是手段实施的依据。具体而言，有以下两个方面：

第一，大学生教育目标的实现离不开高校管理目标的实现。有效且高效的教育管理，才能为大学生学习提供各种便利和服务，才能积极调动大学生的主观能动性，保证教学活动正常进行和学生的全面成长。

第二，高校教育管理的目标要以大学生教育的目标为实施依据。因为大学生教育目标的实施和贯彻，也就是高校管理目标在高校管理活动中的反映和体现，高校教育管理目标包括大学生教育目标，是高校教育管理目标之一。高校教育管理目标和大学生教育目标的统一，保证了高校教育管理的正确方向。

（2）教育方法在高校管理方法体系中具有突出的作用。高校教育管理活动应该要以现代管理活动中最常见的教育方法为基础手段，提高高校教育管理的实施成效。而高校教育管理是在组织活动中实现的，组织活动离不开人的参与，而人是有思想的动物，其思想意识支配且影响着人的种种活动，所以，一切管理互动都是以人为基础运行的，只有做好人的思想工作，以思想领先为原则影响他人，才可以引导和制约人们的各种活动。放到高校教育管理活动中来，就是通过对学生进行不断的思想道德教育来促使高校教育管理中的法律方法、行政方法和经济方法卓有成效地实施。

（3）高校教育管理过程同时也是教育大学生的过程。高校教育管理是对大学生进行指导和管理，蕴含着丰富的教育因素，高校教育管理的过程会直接影响大学生德智体美劳的全面发展，因此，作为向社会培养和输出人才的高等学校，其管理工作的实施，一定要对学生产生积极的影响。要以"以人为本、公正和谐"的理念为基础，倡导从实际出发、遵循教育规律和管理规律、实事求是的科学精神，运用民主管理、依法管理、科学管理的手段，潜移默化地影响和教育学生。只有这样，高校教育管理制定的各项规章制度才能对大学生起到思想引导和规范行为的作用，需要注意的是，高校教育管理者在管理的过程中的情感、态度和言行对大学生也有着不可估量的影响，因此，高校教育管理者在管理过程中也应注意自己的一言一行，努力成为正面积极的表率与模范。

2. 鲜明价值导向的特点

高等学校是为社会培养和输送人才的基地，所以，高校教育管理至关重要。社会经济基础和意识形态等方面对高校教育管理的目的、管理体制和管理形式是具有制约作用的，因此，要注意高校教育管理对大学生价值观形成、变化和发展的巨大影响。作为向全社会输送人才的高等学校，高校教育管理对人才的价值导向影响力巨大，如何为国家建设事业培养专业人才，是我国高校教育管理的一项重要课题。

（1）高校教育管理的价值导向集中体现在管理目标中。人类实践活动的基本特征是目的性。人的实践活动总是体现一定的价值观念，在实践对象的属性和一定需求及其变化趋势的基础之上做出认知判断，是人实践活动目的的基本内容和活动特性，高校教育管理的目的和人实践活动的目的相同。实际上，大学生价值观的形成和发展离不开高校教育管理的引导和促进，高校教育管理的每个举措都影响着大学生的一言一行，从整个高校教育管理系统而言，价值观的确定和设计，是高校教育管理目的实行与运作的根基，所以，我国高校教育管理的实行，要遵从我国核心价值体系的要求。

以高校教育管理的重要目标为例，即建设并维护学生良好的教育教学和生活秩序。其中，"有序"的价值观就在这一目标的执行下，得到了良好的实行与发展，很好地推动与培养了大学生"有序"价值观的形成。同时，对大学生人才的培养是大学生教育以及高校教育管理的首要问题，如何培养、培养目的、培养效果等内容都蕴含着一定的价值观念和价值追求，包含这些内容的高校教育管理就是大学生教育的重点环节。

（2）高校教育管理的价值导向突出体现在管理理念中。作为高校教育管理指导思想的高校教育管理理念，对高校教育管理的原则和方法有着直接的制约作用，是对社会先进价值观的具体贯彻，对社会价值体系的鲜明体现。例如，我国以人为本的价值观，体现到高校教育管理中就是全面贯彻关心人、尊重人、依靠人、发展人、为了人的以人为本的理念,潜移默化地、积极地作用于大学生价值观的形成和发展。

(3)高校教育管理的价值导向具体体现在管理制度中。高校教育管理若想要实现规范化、制度化和法制化,其基本保证和主要标志就是制定科学又严谨的规章制度,这是高校教育管理能够顺利实施的基本手段。管理规章制度的制定离不开价值观念的指导和影响,其具有鲜明的价值导向,对大学生的价值观产生有巨大影响。具体而言,可以对大学生的行为进行一系列的要求,制度中可写明具体的行为规范,例如,对大学生怎样的行为进行勉励和倡导,对大学生怎样的行为必须强烈反对和禁止;对大学生怎样的表现做出奖励和表扬,对大学生怎样的表现做出谴责和惩罚;等等。

3. 复杂系统工程的特点

高校教育管理是一项十分系统的工程,高校教育管理与任何管理活动的相同点体现在其整体性、层次性、动态性和开放性上,而异同点在于高校教育管理活动具有其复杂性。

(1)高校教育管理的任务是复杂的。高校学生的专业学习和日常生活属于高校教育管理的内容,高校教育管理对大学生各方面各环节的培养和管理是任重而道远的,有其特有的复杂性。高校教育管理在实施的过程中,不仅要注意高校学生中心任务的顺利实行,即对学生学习行为和实践活动的管理和引导,还要注意从高校学生健康成长的角度出发,对诸如学生间交际行为、消费行为、网络行为等高校学生的日常行为进行管理和引导,通过以上工作对学生的异常行为进行早发现、早校正和早处理,以保证高校学生的健康成长。具体而言,一般可分为以下四个方面:

第一,对大学生现实群体与虚拟群体的管理与引导。随着现代科技的不断发展,社交应用媒体的更新频繁,高校学生个性的不同会导致其活跃在不同的网络社群,所以从实际出发,不仅要对高校学生现实群体如学生班级、学生党团组织及学生社区和生活园区的管理和指导,还要对高校学生依据网络平台形成的虚拟群体给予持续的关注与管理。

第二,高校学生校内外的安全都要进行关注与管理。高校学生的学习生活不只会在校内进行,校外也是其活动的重要组成区域,因此,在高校教育管理工作中,不仅要对学生校园内的生活进行合理的引导和管理,还要对校园外的生活进行持续的关注和督促。

第三,开展高校教育管理工作的过程中,要全面地考虑学生的具体情况。不仅要关注可以调动全体学生学习积极性的奖学金评定工作,还要关注家庭困难学生的资助工作,双管齐下,才能保证高校学生学业的顺利完成以及学生心理的健康发展。

第四,针对新生与毕业生的不同情况,高校要运用学校的资源提供不同的指导和服务。针对新生,高校教育管理要及时帮助新生明确未来要实现的具体目标,制订合理且科学的职业生涯规划,推动学生对高校生活的合理安排,为其未来发展打下良好的根基。针对毕业生,要及时地为其提供就业与创业方面的信息,进行积极的服务与指导,促使学生能够快速地从学生身份向社会工作者的身份转变,最大化地实现自身价值。

（2）高校学生是具有明显差异和鲜明个性的。随着现代社会科技的进步，网络时代背景下，高校学生是处于一个信息量很大的现状中的，信息的海量和易得以及自我意识的觉醒和增强，使持续受信息浸染的学生拥有了不同的精神世界和思想感情，每个人都有其特性。具体到班级单位，学生们的年级和专业都是相同的，但班级内的每个学生都有着鲜明的个人特质，如气质、性格、兴趣和习惯等。另外，一方面，高校学生来自全国各地，不同的生活经历和生活条件会使他们的思想行为方面有比较明显的差异；另一方面，大学生崇尚个性的特质会使他们对自身个性的发展和完善有着较强的追求，这也导致了大学生个体之间的明显差异。学生是高校教育管理的对象，高校学生个体间是有显著差异的，高校教育管理对学生这种个人特质的遵循是有效开展高校教育管理工作的前提。在这个前提下，高校教育管理对学生实行的因人制宜与因势利导的针对性工作，就具有了其特定的复杂性。

（3）影响高校学生成长的因素是复杂的。高校教育管理的目的是为社会培养和输送高校人才，而高校人才如何能够健康成长，是高校教育管理的重中之重。在现实生活中，影响高校学生学习生活的因素多种多样，不只有学校内部的教育生活因素，外部环境因素的影响也不可忽略。由于外部环境的构成因素非常复杂，因此，高校教育管理的应对也呈现出相应的复杂化。环境因素往往会通过学生的学习生活、人际交往等方面，对学生的成长产生不可忽视的影响和作用。其中涉及了多种多样的环境因素：①历史和现实的因素；②自然和社会的因素；③物质和精神的因素；④国际和国内的因素；⑤家庭和学校周边社区的因素。

尤其是现代科技与信息飞速发展的大背景下，全球一体化趋势越来越明显，世界各国联系紧密，学生对世界各地信息的获取变得越来越容易，这些信息对学生思想和精神的影响也越发深远。以上各种环境因素的综合下，学生受到的影响是复杂而广泛的。

三、高校教育管理的价值和过程

（一）高校教育管理的价值

高等学校是为社会输出高等人才的基地，因此，如何促进学生健康发展是高校教育管理的重点，而高校教育管理工作的良好开展，对推动社会的进步、促进高等学校的可持续发展和提高大学生个体的成才都具有重大意义。

价值属于经济学范畴用词，商品生产的出现导致了价值概念的产生，凝结在商品中无差别的人类劳动就是经济学中价值的概念。随着社会的发展与科技的进步，价值的范畴进一步扩展，在道德、科技、教育和管理等各个领域中都得到了广泛而充分的应用与发展，逐渐成为人们评价一切事物的一般标准。由此可见，价值又在哲学意义上做了引申。客体对于主体的作用和意义是价值在主体意义上的定义，是对客体的属性和功能与主体的需要之间的特殊关系的体现，即客体属性和功能对主体需要的满足关系。

此处价值又在一个关系范畴之中，主客体的存在是其存在的必要条件，具体可分为两方面：①主体的需要对价值的衡量上具有重大意义，是衡量价值的标尺，判断事物或对象是否具有价值，也需要看该事物或对象是否可以满足主体的需要，由此可见，价值离不开主体；②客体的属性和功能是价值的载体，价值的实质，也就是客体的属性和功能对主体需要的满足，由此可见，价值同样离不开客体。

作为社会输出人才的高等学校，高校教育管理的意义重大，它本身的属性和功能既满足了大学生成才的需求，又满足了社会进步的需求，同时反映到高等学校自身发展上，也满足了高等学校自身发展的需求，由此可见，高校教育管理亦具有较高的价值。关系范畴的价值主客体缺一不可，具体到高校教育管理的价值，其主体就是社会、高等学校和大学生，客体就是高校教育管理本身。

第一，作为客体的高校教育管理本身。高校是为社会输送各种各样人才的基地，高校教育管理对人才的形成、培养和成长都具有极大的推动作用，而对高等学校来说，高校教育管理的好坏，也直接影响着高等学校的发展，高校教育管理做得优秀，为社会输送的优秀人才增多，高等学校的知名度的加大，对高等学校的未来发展可以说是一个正向的反哺，所以，高校教育管理的价值是建立在高校教育管理本身的属性和功能上的。

第二，作为主体的社会、高等学校和大学生。高校教育管理的最终目的是为社会输送合格的人才，高等学校是高校教育管理的实施者，大学生是高校教育管理的对象，社会是检验高校教育管理成果的试金石。

综上，高校教育管理的价值就体现在其属性和功能对社会、高校和大学生需要的满足上。

1. 高校教育管理价值的特性

（1）直接性与间接性。作为高校教育管理价值的主体，即社会、高等学校和大学生，这些不同的主体受高校教育管理的作用方式不同，有直接作用和间接作用之分，即高校教育管理价值有直接性和间接性两个特点：①高校教育管理价值的直接性，是指没有中介环节，高校教育管理能够直接满足价值主体的需要。通常而言，高校教育管理能够直接地产生作用与影响的价值主体是高校大学生，即高等教育管理的实施是直接作用于学生个体的；②高校教育管理价值的间接性，是指需要通过中介环节，高校教育管理才能满足价值主体的需要。通常而言，高校教育管理通过对大学生的影响，才能间接影响到社会的发展。

（2）即时性与积累性。高校教育管理价值的实现是需要一个过程的，满足价值主体需要的过程时间长短不一，所以，高校教育管理价值可以说同时具有即时性和积累性两个特征。短时间内，价值主体能够从高校教育管理处得到很好的满足，即高校教育管理价值具有即时性。例如，针对家庭经济困难的学生，及时办理相应的助学贷款，从而能够让他们安心地在大学进行学习与生活。若想达到高校教育管理价值的工作目标，需要对高校教育管理工作进行不断的积累，工作积累是一个长期的过程，即高校教育管理价值具有积累性。例如，为学生提供一个教学有序的环境，从而推动大学生的良好发展。

（3）受制性与扩展性。因为高校教育管理是直接面向大学生实施的，大学生在学习和工作中会受到多种多样因素的影响，因而高校教育管理价值也会受到多重因素的影响，高校教育管理价值的受制性就表现在此，其可以大致分为正反两方面的影响：①当影响大学生的因素与高校教育管理作用的方向一致时，高校教育管理更容易发挥成效，高校教育管理的价值更容易实现；②当影响大学生的因素与高校教育管理作用的方向相反时，高校教育管理的成效就会受到负面的影响，其价值就会难以实现。

以上阐述的是各种因素对大学生的影响与作用，高校教育管理价值的扩展性所讲的内容正好与之相反，是指高校教育管理可以通过直接影响大学生的一言一行，从而间接影响外部环境与因素，扩展了高校教育管理自身的价值。例如，高校教育管理对科技创新的倡导，会直接影响与激励学生参与到科技创新的活动中去，从而间接影响到学校有关科技创新方面的发展，再进一步提高学生科技创新的能力和水平。

（4）系统性与开放性。高校教育管理价值是由多种角度和多种类别构成的有机整体，具有较强的系统性，此处可以将高校教育管理价值按照各种不同的角度来进行分类，多方面解读高校教育管理价值的系统性，以下用分类举例：

第一，按主体分类。按主体分类可以分为社会价值、高校集体价值和个体价值。社会价值体现在高校教育管理对社会运行与发展的作用；高校集体价值体现在高校教育管理对高校自身持续性发展的作用；个体价值体现在高校教育管理对大学生个体的培养和长远发展的作用。

第二，按形式分类。按形式分类可以分为理想价值和现实价值。理想价值是高校教育管理不受任何因素影响，以最理想的状态实施运作，最终实现最终价值的状态，而现实中往往有各种各样的影响与阻碍，现实价值是在现实条件下正在实现或者已经实现的价值状态。

第三，按价值高低分类。按价值高低分类可以分为高价值和低价值。高校教育管理价值是具有开放性的。随着价值主体和高校教育管理功能的变化与发展，高校教育管理的价值也会随之发展。社会发展日新月异，作为高校教育管理服务对象的大学生也在不断发生新的变化，服务对象的改变必然会导致高校教育管理的相应改变，以期适应于管理对象，扩展管理的价值。例如，信息时代的到来，计算机网络对学生的影响越来越深，面对这种新情况，高校教育管理要及时关注并规范大学生网络的使用，从而跟进高校教育管理在网络中的价值扩展。

2. 高校教育管理价值的内容

高校教育管理通过培养与输送合格的高等人才作用于社会,虽然形式是间接的,但其社会价值对社会的影响仍然是广泛而深远的。高校教育管理价值的内容主要包括以下几方面:

(1) 培养合格人才的重要手段。随着社会的发展,对人才的需求尤其是对高素质人才的需求越来越多,作为需要不断向社会输出人才的高等学校责任重大,高校教育管理的中心任务具体体现为:为社会培养出一批又一批的专业人才,从而促进社会的进步与发展。高校教育管理在高校培养人才的过程中扮演了重要的角色,是高校培养人才的重要手段,意义重大。

①维护正常的教育教学秩序。高校规章制度的实行可以帮助高校教学活动良好有序的展开,高校教育管理对高校教育教学秩序的维护是高校有效开展教学的保障。具体实行中,高校教育管理可大致分为以下三方面:

第一,高校教育管理要按照一定的制度对学生的学籍进行严格的管理。对学生的入学与注册、课程和各种教育环节的考核与成绩记载、转专业与转学、休学与复学、退学、毕业与结业等各项工作做到明了和有序,帮助高等学校建立正常的教学秩序,从而使其能够顺利地开展各项教育工作。

第二,具体到学生群体,高校教育管理要对学生群体进行系统又全面的学习管理,从而对学生形成一种正向的督促与激励,如规范学生行为、督促学生遵守纪律等,对良好学风的养成和教育教学秩序的正常建立十分有利。

第三,高校教育管理对学生团体的管理和引导,对建立正常的教育教学秩序具有很强的促进性。

综上,高校正常的教育教学秩序的建立是离不开高校教育管理的。

②激励、指导和保障学生的学习行为。教学虽然是组合在一起的词语,但"教"与"学"是两种不同的概念。从"教"与"学"中可以明显看出这是两种动作,代表着教师和学生的双向互动,因此,教学的过程中"教"与"学"也是辩证统一的。在"教"与"学"的过程中,前者是主导,后者是关键。对于大学生而言,学习是其主要任务,能否完成学习任务关系着大学生能否成为一个合格的人才,在这种情况下,高校教育管理就扮演着激励、指导和保障其顺利完成学业的重要角色。以下对这三个方面进行具体阐述:

第一,激励作用。高校教育管理可以引导学生对学习的意义产生正确的认知,让学生明白学习是实现其自身价值的重要途径,学习目的的明确也可以调动学生学习的主观能动性;奖学金和荣誉称号的设置,对优秀学生的表彰等行为,也可以激励学生全身心地投入到学习中;在大学学习中引入竞争机制,组织各种具有竞争性的学习赛事,同样可以调动学生学习的积极性。

第二，指导作用。新生入学以后，高校教育管理可以引导学生熟悉大学教育环境与内容，使他们能够尽快把握大学阶段的学习特点和要求，尽快从被动学习转向主动学习；在大学学习的过程中，高校教育管理要引导学生及时发掘自身特点，根据社会实际的需要制订适合自身的职业规划，后期督促学生根据自身的职业方向明确学习目标，进而进行有计划有目标的学习；学生明确学习目标和规划后，良好学习方法的把握也是十分重要的，高校教育管理应给予学生一定指导，促使学生良好学习习惯的养成，进而快速提升自身的学习；在高校进行学习时，大学生社会实践活动的开展也是促进大学生学习的必不可少的一项内容，大学生不仅要掌握专业的理论知识，对专业理论知识的实践也是学习过程中的重要一环，在实践中对专业理论知识的理解和应用有助于大学生自身专业技能的加强与提升。

第三，保障作用。高校学生来自全国各地，每个学生的家庭经济状况都不相同，高校教育管理应切合实际，加强资助管理，对家庭经济困难的学生切实地做好助学贷款和助学金的发放，并对学生的勤工助学活动做必要的指导，从而帮助学生顺利完成学业。大学生的心理健康也是高校教育管理需要关注的一个方面，对学生进行及时的心理辅导，帮助学生缓解并逐渐克服学业焦虑，可以有效地帮助高校学生建立正常的学习与生活秩序。

③培养学生的思想品德。随着社会的发展，不仅对人才专业技能的要求越来越严格，对人才的思想品德和能力素养方面也同样开始着重关注起来，所以，一个符合社会需求的人才必然要德才兼备。在大学生接受高等学校教育的过程中，不仅要对其进行深入细致的思想教育，还要以高校教育管理为辅助，督促大学生以良好思想品德为思想基础的行为习惯的养成，持续规范大学生行为，促使大学生由他律转向自律。

现实情况中，大学生各个方面的发展都还未成熟与稳定，且每个学生的个性全不相同，再加上思想基础上的不同，大学生接受思想教育的意愿就显示出了一定的差异，因此，大学生在自律方面尚有欠缺且存在不同程度的差异。若要提高高校学生的自理、自律水平，加强高校学生遵循社会规范的自觉性，促进高校学生良好行为习惯的养成，就需要以思想政治教育为主，以高校教育管理为辅，双管齐下，最大限度地推动学生自理、自律能力的提升。

高校可以利用高校教育管理功能，切合实际情况制定科学有效的规章制度，各项规章制度的严格执行，不仅对学生的行为管理和纪律约束产生强化作用，还可以使大学生的学习和生活都处于一种良好有序的状态，最大化地提升大学生思想政治教育的成效。

（2）构建和谐社会的内在要求

①高校教育管理是维护社会稳定、实现社会安定有序的重要保证。高校是高等人才的培养基地，是不断地为社会做着人才输出工作的，从高校输入社会的人才直接影响着社会是否能够稳定有序发展，因此，社会稳定的重要方面就是高校的稳定，而高校能否稳定，高校学生是关键。高校学生的思想尚未成熟，呈现出明显的矛盾性。例如，高校学生普遍关注国家发展情况，对时事也有一定的了解，崇尚自由与民主，对政治方面也有较强的参

与意识，但相对而言，他们的社会生活经验匮乏，不具有良好的辨别力，因此，对社会上的不良思潮的抵抗力较弱。另外，高校学生年纪较轻，生活阅历较少，情感共鸣能力较强，这种特性使高校学生形成了热情勇敢的个性，但相对而言，更易冲动，丢失理性。大学生群集于高校校园内，若高校教育管理不能进行有效的干预与引导，一些不良的信息和倾向很快会在学生群体中扩散，不利于大学生自身发展的同时还会对社会造成不可预估的影响。

综上所述，高校教育管理若能够正确地引导高校学生的思想、学习和生活，及时处理学生间的突发事件，妥善解决学生在高校生活中的各种问题，就能有效地促进高校的稳定，高校的稳定继而会对社会的安定有序产生积极的作用与影响。

②高校教育管理是构建和谐校园的重要手段。高等学校是现代社会中不可或缺的重要社会组织，担负着培养人才、推进科技进步、传播先进文化的重要任务。构建和谐校园，是构建和谐社会的应有之义，也是推进高等学校科学发展的内在要求。

第一，加强高校教育管理，引导和组织大学生积极发挥在和谐校园建设中的主体作用，是构建和谐校园的重要保证。

第二，加强高校教育管理，建立和完善学生参与民主管理的组织形式，引导、支持和组织学生依法参与学校的民主管理和实行自主管理，切实维护和保障学生在校期间享有的权利，引导和督促学生全面履行义务，自觉遵守国家法律和学校管理制度，能够有力地推进高等学校的民主建设。

第三，加强高校教育管理，妥善地协调学生与学校、学生与教师之间的关系，维护学生的正当利益，实事求是地评价学生的思想品德和学业成绩，公正地实施奖励和处分，正确地处理学生中的各种矛盾和问题，可以使公平正义在校园中得到弘扬。

第四，加强高校教育管理，督促学生在学习考试、科学研究、人际交往和日常生活中坚持诚实守信，引导学生尊敬师长，友爱同学，团结互助，才能在校园中形成诚信友爱的良好风气。

第五，通过高校教育管理，充分调动学生的积极性和创造性，围绕专业学习，开展丰富多彩的社团活动和社会实践活动，鼓励、组织和支持学生开展科学研究、进行创造发明、尝试创业活动，才能使校园真正充满活力。

第六，通过高校教育管理，建立和维护学校正常的教育教学秩序和生活秩序，加强学生的安全教育和管理，保障学生的身心健康，有效预防和妥善处理学生中的突发事件，努力建设平安校园，才能使校园安定有序。

第七，通过高校教育管理，引导和督促学生自觉维护校园环境，节约使用水、电等各种资源，才能使校园成为人与自然和谐共处的生态校园。

（3）高校教育管理是促进高校学生集体和谐发展的重要手段。班级、学生会、社团等都是高校学生在高校内团体生活的主要表现形式，这些团体活动包含了学习和生活等各方面的因素，对高校学生的思想有着直接而有力的影响。高校学生集体的和谐发展，不仅可以促进学生个人的健康成长，对高等学校内部的和谐稳定也有积极的影响和作用。

高校教育管理可以有效规范大学生的集体活动，对大学生集体活动的和谐发展意义重大，以下通过三个方面进行具体阐释：

第一，高校教育管理可以指导高校学生集体自觉遵循学校规章制度，以高校人才培养和学生自身发展为中心，开展多样的集体活动，有效发挥高校学生的主观能动性，促进高校学生集体发展和学校发展统一。

第二，高校教育管理可以增强高校学生的集体建设，即思想建设、组织建设、制度建设和作风建设等，加强高校学生间的团结互助和沟通交流，促进个体的良好发展。

第三，高校教育管理可以规范高校学生的集体秩序，正确处理各类集体之间的关系，在面对大的活动的时候，高校各学生集体间要加强沟通，争取互相的协调配合与支持，使大学生形成自我教育与管理的合力，促进高校内各学生集体的团结互助与和谐发展。

（二）高校教育管理的过程

高校学生在高校学习和生活过程中会出现很多干扰因素，这些干扰因素影响和制约着高校学生的成长与发展，因此，高校教育管理为实现教育目标就需要对此情况进行规范与调整，这就是高校教育管理的过程。高校教育管理过程实际上是一种循环往复的动态运行过程，其实质就是对组织环境和管理对象的变化与发展做一个良好的把握，通过对各种因素的实时调节与管理，在动态的情况下实现组织目标。相比高校教育管理的系统性的动态过程，单一的管理行为是没有办法直接达到管理的目的的，高校教育管理的目的只能在这个动态管理过程中完成。高校教育管理工作的良好实施离不开对管理过程的充分认知和把握，只有对高校教育管理过程进行全面的认知，才能将管理内容进行由整体至局部的拆解，继而彻底做好高校教育管理的各部分工作以及整体上的工作。

1. 高校教育管理过程的要素

高校教育管理过程包含四个基本要素，即管理者、管理对象、管理手段和职能、管理目标，这四个基本因素是协同合作，必不可少的。

（1）管理者。在高校教育管理过程中，由管理者来进行管理。

（2）管理对象。高校教育管理是一个整体管理的过程，其中必然涉及管理对象，高校教育管理的管理对象众多，人、财、物、时间、空间、信息等都包括在内。

（3）管理手段和职能。高校教育管理必然要通过一定的管理手段和方法才能良好运行，也必然要通过一定的方法实施才能发挥作用，达到管理目的，目前而言，除了行政方法、经济方法、教育方法等基本管理方法外，高校教育管理还需要对管理对象进行一系列的包括预测、决策、计划、组织、激励等相关举措。

(4)管理目标。高校教育管理需要有可实现的管理目标,以待后期对管理做出方向上的明确与调整,并最终达到预定目标。

2. 高校教育管理过程的特点

目的性、有序性、可控性是一般管理过程的特征,而高校教育管理过程除了一般管理过程的特征,还有以下三方面独有的特点:

(1)高校教育的管理过程,是一个高校教育管理工作者与大学生双向互动的能动过程。对高校学生的管理工作是相对复杂的,在高校教育管理过程中,管理者是具有主导性作用的,被管理者则是管理过程中的主体,两者都应发挥自己的作用,努力达成统一。另外管理者和被管理者积极发挥主观能动性,两者之间相互影响、相互互动的过程就是高校教育管理的过程。管理者要对被管理者有一个清楚的认知并进行恰当的塑造,而被管理者对管理者的管理举措要有一个正确的理解,遵循管理者的管理指导,对自己的行为进行约束与管理,达到自我教育的效果,从而对管理和自我管理做一个很好的融合,如果被管理者能够很好地接受管理者所传达的思想观念和行为规范,并将其纳入自身的思想品德结构中,那么这种思想纳入可以"内化"成支配和控制自身思想和情感行为的内在力量,帮助被管理者实现由"管"到"理",由"他律"到"自律"的飞跃。

(2)高校教育管理过程,是有效利用学校的各种资源,为大学生成长成才提供指导和服务的过程。高校教育管理的目标是为社会不断培养和输出合格的专业人才,高校教育管理若要发挥其最大的效益,就要在高校教育管理过程中对各种资源进行合理的分配与使用,从而帮助人才的成长和发展,另外,还要将各种基本的管理要素,如人、财、物、时间等协调运转起来,继而为高校学生的成长与发展提供行之有效的指导。

(3)高校教育管理过程是与大学生教育过程紧密结合,保证教育目标顺利实现的过程。当今的高校学生的特性之一就是思维活跃,在高校教育管理的过程中,要避免伤害高校学生较强的自我意识和自尊意识,所以,这就要求管理者在管理过程中注意管教结合,以实现教育目标为前提,做到管中寓教,教中有管。管理者在管教的过程中还应注意多多提升自身的管理能力,争取在管理沟通工作中做到寓情于理,从而能使高校学生在管理过程中受到启发和教育,并逐渐内化至自身的思想结构,这样,受管理过程的长期影响,作为被管理者的高校学生,会将内化的思想观念和行为准则转化为自己外在的行为,从而实现由"内化"到"外化",由"他律"到"自律"再到"自为"的飞跃。

3. 高校教育管理过程的环节

决策、计划、组织是高校教育管理过程的主要环节,它们之间既相互区别,又联系紧密。

(1)高校教育管理决策。高校教育管理决策,是高校教育管理工作者为了达到一定的目标,在掌握充分信息和对有关情况进行深刻分析的基础上,运用科学的方法,从两个以上的可行性方案中选择一个合理方案的分析判断过程。高校教育管理决策的过程共包含以下四个方面：

①研究现状。没有问题就不需要决策，所以，决策存在的前提条件是有问题需要解决。因此，在制定决策之前，一定要对高校教育管理过程中是否存在问题进行了解与解析，确定问题的存在，要分析是属于何种性质的问题，并将问题延展开，分析此类问题是否已经对高校学生的学习和生活、高校自身的建设和发展、社会的发展等产生了负面影响，由此作为依据而决定是否对此制定决策，这些问题同时还是决策的起点。高校教育管理过程中，高校高层的管理人员应积极发挥主观能动性，对学生在校园内的生活给予充分的关注，运用自身的职能把握全局，从而找出问题的关键。

②确立目标。高校学生在高校学习、生活、对自己专业技能的培养和提升以及未来毕业后进行就业与创业时，会面临很多的问题和挑战，我们要在此基础上做出分析，并且更进一步地研究这些高校学生在面临这些可能出现的问题时，是采取的何种措施、达到怎样效果，换言之，要明确决策目标。

第一，决策目标确立的作用。决策目标的确立有六个方面的作用：a. 明确学校内部的各种目标的一致性，只有目标一致，工作才能够很好地开展下去，也有利于高校和学生的健康发展；b. 明确高校教育管理工作的方向，高校在进行教育管理的资源调配过程中，就可以将决策目标作为依据，顺利地开展管理工作；c. 对学校内各方面的良好氛围的形成与培养有着重要的作用，高校学生在高校内的学习和生活会持续很长一段时间，因此，能够为学生提供和促成一种井然有序的学习、生活秩序至关重要，决策目标的确立可以促进形成这种普遍的思想状态和生活氛围；d. 可以有效地帮助识别是否和学校目标保持一致的学生群体，对和学校决策目标保持一致的学生而言，决策目标的确立和实行可以有效地帮助他们形成良好的学习实践活动和生活核心，对和学校决策目标不太一致的学生来说，决策目标的确立和实行也为阻止学生的不良活动提供了一种解释；e. 可以帮助学校将目标细化并转化成一种分工结构，即促进学校总目标和不同阶段目标的分工结构的形成，这也有利于学校内部将任务分配到各个责任点上；f. 对组织预算和控制各项活动的成本、时间和成效都有很大的帮助，用这种可预估和可控制的方式有助于提供一份组织目标和把这种总目标转化为分阶段目标的详细说明。

第二，决策目标确立需要准备的工作：a. 提出目标。想要确立决策目标，必须先提出目标。上限目标，即理想目标；下限目标，即必须实现的目标。b. 明确目标的多重性与互斥性。高校教育管理的目标具有多重性，要明确多元目标之间的关系，对于不同年级、不同专业的学生而言，目标的侧重是不同的，一般决策只能在特定时期选择一项作为主要目标。多元目标有联系性也具有互斥性，如对面临着毕业的高校班而言，考研究生、考公务员以及求职之间联系紧密，但互斥性明显。所以，确立主要目标与次要目标之后，更要明确它们之间的关系，这样才能将全副身心投入到主要目标活动里去，避免因小失大。c. 对目标进行限定。不同目标的设立给高校和学生带来的是不同的结果，有利目标的执行，会帮助高校和学生产生有利的成果，不利目标的执行，则很大程度上带来不良的后果，所以，高校要平衡这两者之间的关系，对目标加以限定，规定一个程度与范围，在范围内的活动都是被允许的，一旦超出则对计划与目标进行活动终止。一般而言，有三个基本特征的目标可供衡量和把握，即能够计量、规定期限和确定责任人。

③拟订决策方案。选择是在拟订决策方案时的关键，只有提供的可选择方案够多，才能更易做出正确的选择。只有通过举办多种多样的活动，才能对目标有一个很好的实现，因此，需要拟出多个决策方案来帮助目标的实现。决策目标的成功实现往往伴随着众多的决策方案的实行，因为对于管理者而言，若行事方法只有一种，那么这一种方法极有可能是错误的，这就要求管理者思考多种优良方案。

④比较与选择。方案拟订以后，就需要对方案的优劣进行评价和比较，进而做出考虑和选择。一般而言，会通过三方面因素来进行选择：首先，要检查方案的实施条件是否完备，同时预算方案成本；其次，若方案实施成功，可以为高校和学生带来怎样的短期利益与长期利益；最后，要提前预测方案实施过程中可能遇见的各种问题和困难，从而预估方案实施成功的概率有多大。在将所有的方案通过以上三类要素进行评估之后，得出的差异化结果可以帮助我们分析每个方案的优势和劣势，帮助我们更好地选择。在明确方案优劣后的选择，不仅可以让方案的优势得以发挥，还可以对方案中的劣势环节进行充分的准备与解决，并同时预备好应急策略以面对突发情况，从而避免不必要的损失。

（2）高校教育管理的计划。高校教育管理计划就是在决策既定目标的前提下，进一步根据实际情况，科学地、及时地预计和制订为达到一定的目标的未来行动方案。具体而言，就是通过将学校在一定时间内的活动任务分解给学生管理的每个部门、环节和个人，从而不仅为这些部门、环节和个人的工作以及活动的检查与控制提供依据，而且为决策目标的实现提供组织保证。

①高校教育管理计划的制订。一般而言，高校教育管理计划的制订可以遵循以下四个步骤：

第一，收集资料，为计划的制订提供依据。由于计划多种多样，所以，进行计划制订的时候，一定离不开不同专业和不同年级高校学生的资源配合与执行。计划制订者在制订计划的时候，需要搜集多专业、多年级的高校学生的活动能力及外部资源的资料，为计划制订者制订计划提供合理有效的依据。

第二，目标或任务分解。依据决策总目标，进行阶段性目标分解实现的分工结构，有助于将长期目标细化成阶段性的目标，从而将阶段性的目标落实进各个部门、各个活动环节，有效地明确每个阶段性目标的责任，促进工作的良好开展。目标或任务分解的主要目的还是促进学校形成良好的目标结构，即目标的时间结构和目标的空间结构。依据目标结构，高校目标可以分为较高层次的目标与较低层级的目标，较高层次的目标一般而言是总体目标和长期目标，而较低层次的目标一般而言是部门、环节和各阶段目标，目标结构就是描述了这两者之间相互指导与保证的关系。

第三，目标结构分析。目标结构分析主要是研究高校较低层次目标（高校各阶段目标）对较高层次目标（高校长期目标）的保证能否落实，这点对高校教育管理计划的制订十分重要。高校各部分各阶段目标的达成，是促使整体目标的实现的必要条件。高校若在阶段目标的实现过程中发现某个或某些具体的目标无法达成，就要考虑采取相关的补救措施，以促进整体目标的达成，若出现具体目标无法补救的情况，就需要考虑对较高层次目标进行相关调整和修订了。

第四，综合平衡。高校教育管理计划的制订还应注意综合平衡的工作：a. 平衡工作一般分为时间平衡和空间平衡，即与决策目标结构对应的学校各部分在各时期的任务是否相互协调和衔接；分析学校各阶段任务是否相互衔接，以保证学校活动能够顺利进行的工作，是时间平衡方面的工作；分析学校各阶段各部分任务之间是否协调，以保证学校整体性活动能够相互进行的工作，是空间平衡方面的工作。b. 高校活动是否能够顺利进行与高校对其的资源供应有着密不可分的关系。高校活动的进行和实施离不开高校的资源供应，能够在恰当的时间为活动筹集到足够的物资，保证活动的顺利举行和持续性开展，是综合平衡工作中的一部分。

②高校教育管理计划的执行。高校教育管理计划制订之后，就要对制订的计划进行执行，若没有执行的步骤，任何计划都是空谈。在高校教育管理计划的执行过程中，高校管理者和高校学生是计划执行的主要力量，计划的执行过程中是否能够保质保量，是否能够圆满完成，很大程度上取决于执行者，即高校教育管理者和高校学生，在计划执行过程中是否积极发挥了主观能动性。

③高校教育管理计划的调整。任何计划执行的过程，都不是一成不变的过程。计划制订后进行执行的期间，时常会有实际情况的变动，而此时执行者就需要根据实际情况对计划的执行做出最恰当的调整。另外不仅是客观因素的影响，随着时间的推移，执行者的认知也会随之发生不断改变，对计划的实时调整，有助于执行者对计划更好的执行，从而呈现出最好的计划成效。

高校教育管理计划同样需要执行者根据实际情况进行不断的恰当调整。滚动计划就是能够符合高校教育管理计划调整的一种现代计划方法，它的特点便是可以在计划执行过程中根据实际情况的相应变化而对计划做出实时恰当的调整。这种方法根据计划的执行情况和环境变化情况定期修订未来的计划，并逐期向前移动，使短期计划、中期计划有机结合起来。一般计划的制订是符合当时条件下的最恰当的内容，但随着时间的推移与发展，很多因素都会随之变化发展。计划工作的难点之一就是很难从开始就全盘预估到后来的情况，并且随着计划的延长，工作中的变化和不确定性因素会逐渐加剧，如果仍然按照过时的计划开展工作，肯定会带来不可预估的损失和不良后果。滚动计划的采用就很好规避了这种不确定性带来的不良后果。

滚动计划的基本做法放到高校教育管理计划执行的过程中，就是高校先制订好一个时期的计划，然后执行者在计划的执行过程中，要注意高校内外因素的变化，并根据这些变化对计划加以修正，使计划不断地延伸和发展，滚动向前。一般而言，长期计划在执行过程中，所面临的执行环境是非常复杂的，因素变动也是最多的，所以，滚动计划方法更多的是在长期计划中的应用，通常是对长期计划进行的修正和调整。如滚动计划可以根据高校内外条件因素的变化和计划实际的开展情况，来进行适时恰当的修整，从而促进一个为高校各部门、各阶段活动作导向的长期计划的形成。当然这种计划方式也不是完全绝对的，也是可以应用到短期计划工作中的，如年度和季度计划的制订和修正。

（3）高校教育管理组织。为了使高校内人、财、物、信息、时间、技术等资源都得到最佳合理的配置与应用，高校教育管理组织应运而生。高校教育组织是一个高校学生管理机构和学生工作管理者，通过对管理机构的建立，对职位、职责和职权的确立，对各方关系的协调，把组织内各要素联结成一个有机整体，从而对计划进行有效的实施与修正的组织。高校学生的健康成长、良好的未来发展和高校教育管理目标的实现，都离不开科学的高校教育管理机构的设置和合理有效的组织工作的实施，而科学合理的且能行之有效的高校教育管理机构的建构就至关重要。高校教育管理组织具体如下：

①学生工作处。学生工作处具有两种工作职能：行政管理职能和思想政治教育职能。行政管理职能的主要工作是面对学生的日常管理方面，如应对新生的招生工作，应对毕业生的就业工作，应对日常的奖惩、生活指导等行政管理工作。思想政治教育职能则更专注学生的思想教育方面，如新生入学教育、学生日常生活方面的思想教育和毕业就业方面的思想教育。学生工作处将两者进行结合，可以有效地规避管理和思想上的脱节，推动学生工作在高校党委宏观指导下顺利进行。

②团委。在高校教育管理组织中，团委的主要职能是在学校党委的领导下，对大学生团体组织的建构与管理做好把关工作，同时在学生会和学生社团方面、学生的社会实践活动和志愿者活动方面，都做好相应的管理与指导工作，负责这些活动的顺利开展。

③学生会。校学生会、院（系）学生会和各班级的班委会共同组成了学生会，是一个结构完整的组织系统。在管理方面，学生会的管理系统比较严密，既有独立性又有整体性，即各部门和各成员之间不仅有分工还有协作。学生会组织在高校教育管理组织中占据着重要的地位，是高校教育管理工作可以顺利实施的有效条件，所以，在进行高校教育管理的过程中，学生会组织的完善、巩固得以实现。同时，学生会是由高校学生组成，不仅涉及高校学生学习、生活、就业等各方面的事情，更代表着广大高校学生的切身利益，所以，高校上级管理部门对学生会组织不仅要给予必要的指导，还要给予一定的财力支持，促使学生会组织能够积极地发挥主观能动性，使学生会真正地起到连接学生与学校的桥梁作用，有效促进高校教育管理的顺利开展与实行。

④大学生自我管理委员会。大学生自我管理委员会一般是挂靠在学生处或团委，由三

个部门构成，即生活保障部、宿舍管理部和风纪监察部。a. 生活保障部。生活保障部主要针对的是高校学生在校期间的就餐方面，它的主要任务就是通过对就餐环境的美化和就餐秩序的维护，构建文明食堂，为高校学生创建文明的生活环境。b. 宿舍管理部。宿舍管理部主要是通过对高校宿舍进行管理，给广大高校学生提供一个可以进行良好学习和生活的清洁又舒适的环境。c. 风纪监察部。风纪监察部主要是对高校校园环境的整治，即对高校学生发生的违纪行为进行监督与治理，对食堂的秩序进行维护与引导等。

第二节　大数据时代高校教育管理工作的发展

信息化高速发展的今天，在信息管理方面，高校在信息的收集、分析、存储以及运用等方面都加大了力度，在大数据的影响下，高校传统管理模式已经没有办法适应未来高校的管理需要，其原因在于高校本身就处于科学研发、知识传播以及全新思想的前沿，只有高校顺应大数据时代的发展趋势，不断更新高校的管理方式，激发大学生的使命感和责任感，最终才能为社会培养大批量的优秀人才。

一、大数据时代高校教育管理工作的发展方向

第一，高校教育管理的智能化。智能化是未来高校教育管理的重要发展趋势和方向之一，凭借大数据丰富的数据储备，高校教育管理在有效、科学地分析大数据后，便能做出更加正确及科学的管理决策，将传统和带有风险的人为决定摒弃在外，智能化的高校教育管理能够最大限度实现公平和客观的管理，让高校的发展更加符合未来的需求。

第二，高校教育管理的精细化。高校精细化的教育管理更有助于其教育质量的提升，大数据的手段能够帮助高校建立信息库，快速分析学生学习的短板和弱点，另外，还可以积极帮助学生实现阅读书目管理以及个性化学习的指导，最终使高校教育管理更加人性化和精细化。

二、大数据时代高校教育管理工作的发展途径

（一）提高信息技术掌握能力

大数据时代下的教育管理人员必须加强自身综合素质能力的提升，只有积极掌握先进的信息化技术，才能及时、科学地管理高校移动客户端，具体可以从三个方面入手：首先，积极树立大数据意识以及学习先进信息化技术的理念，运用先进的理念指导高校展开教育管理工作；其次，积极建立以信息化为主要学习内容，利用碎片时间完成学习任务的灵活机制，高校教育管理者要努力掌握电脑技术等，通过购买课程和集中培训学习等方式，充实教育管理团队力量；最后，不断完善考核工作机制，针对信息化技术人员展开定期考核，

切实提高高校教育管理人员的专业技术管理技能。

（二）完善高校信息管理系统

高校不仅要加大高端技术人才的引进，更要加强高校信息管理系统智能化的研发力度，只有不断完成基础性的信息管理工作，才能彻底实现信息的整合以及信息化系统的体验，最终建立和完善高校教育工作中人性化管理系统模式的确立。高校在完成智能化移动客户端管理应用程序时，设计和研发团队要广泛采纳高校广大师生的意见和建议，同时注重加强与其他高校之间的交流和学习，积极为高校创建先进的教育管理技术基础。

（三）强化高校网络信息安全

大数据时代通过对数据的整理、收集分析等为各项管理工作带来了便捷的同时，也给相应的管理工作带来了不可规避的风险，因此，积极做好高校的网络信息安全工作是十分必要的。高校教育管理者要切实担当维护高校信息来源和存储安全的责任，这是一项义不容辞且任重道远的工作，其内容具体包括：高校教育管理者要做好信息维护、加强信息保护等高校网络信息预警工作，通过引进先进的管理手段，针对高校的校园网络进行完善和加强检查。利用高校各种宣传途径加强高校相关工作人员的网络信息安全意识的培养和教育，例如，开设高校大讲堂、讲座等措施，有效完善高校教师加强病毒检测和密码保护的措施和方法。学校要积极成立信息安全管理部门，同时设立举报电话和举报部门，这样可以有效防止危害高校管理行为的发生。

总而言之，"大数据时代高校教育管理也要随之完成创新和变革，未来高校教育管理会向精细化和智能化方向发展，高校教育管理者要紧跟时代发展潮流，提升信息化管理技术，把握高校管理发展方向，最终通过高校积极为国家建设培养出更多优秀的人才"。①

---

① 刘瑞丽：《大数据时代高校教育管理的走向及实现路径》，《环渤海经济瞭望》2020年第5期，第138页。

第二章　大数据时代高校教育管理及工作模式

第一节　大数据时代的特征、机遇与挑战

大数据，简而言之，"就是数据集，用常规意义上的数据存储和管理工具难以对其进行处理和分类"。① 大数据，规模庞大、数据传输速度快、多元化特征明显。具体而言，我国通过互联网平台进行活动的时候会产生一些数据信息，诸如图片、文字、视频等都是常见的数据类型。大多数计算机系统会产生一些数据信息，诸如文件、数据库、多媒体等都是常见的数据表现方式。利用现代高科技产生收集和获取的信息，诸如摄像头数字信号等也是数据信息的表现类型。总而言之，大数据就是依托于互联网平台而产生的数据集，大规模、高速度、多元性，需要利用计算机网络技术对其进行存储和处理。

大数据是一种全新的用于问题解决方面的技术，海量数据问题使用传统的数据技术是无法解决的，但是大数据技术可以。关于大数据的定义可谓众说纷纭。大数据是一种集合概念，包括的数据类型繁杂、结构复杂并且数量巨大，使用云计算来处理数据，其服务能力是通过挖掘数据并进行整合共享而形成的。云计算是一种强调资源共享的服务，将资源集中起来并且进行动态配置，强调专业分工的重要性，这和传统的数字信息资源技术有很大的区别。可以说，云计算对不同信息技术产业链之间的合作起到了很大的推动作用，实现了彼此之间的资源聚合、信息共享以及相互配合，使我们更快地走向了面向服务的计算时代。所以，云计算和信息资源共享之间的联系非常紧密，作为一种全新的网络资源共享模式，它在共享网络信息资源方面的优势是非常明显的。

一、大数据的特征

大数据具有以下特征：

第一，规模性特征，是企业面临着数据量的大规模增长。

第二，快速性特征，是数据被创建和移动的速度惊人，创建和利用实时数据流已成为流行趋势。

---

① 李娜：《大数据时代高等教育规范化管理研究》，北京：中国纺织出版社，2019年，第2页。

第三，多样性特征，数据的多样性主要是由新型多结构数据以及包括网络日志、社交媒体、互联网搜索、传感器网络等数据类型造成的。

第四，价值性特征，是对未来趋势与模式的可预测分析、深度复杂分析，可让信息优胜劣汰。

二、大数据时代的机遇

第一，提高了信息利用率。大数据时代给信息技术发展带来了新的机遇。人们对信息技术的运用已经不再停留在对数据的储存和传输方面，逐渐开始转向对数据的利用和挖掘的领域上，在很大程度上提高了信息的利用价值。与传统数据结构相比，大数据时代的到来，让各个领域都开始对信息的利用率更加重视，只有充分掌握信息的利用价值，才能够在日后的竞争市场中获得一席之地。

第二，对信息安全带来的机遇。随着大数据时代的到来，网络信息安全同样给社会造成了较大的影响。因此，为了有效解决信息技术带来的损失，越来越多的企业开始研发信息安全保护工具和软件技术，如360安全卫士等，用来适应这种大数据时代带来的挑战，这样在很大程度上促进了信息技术安全领域的发展。

第三，促进信息安全技术的发展。大数据时代使信息安全技术的发展也同样波及很多领域，而主要产品形态基本上可以分为硬件（银行卡的网银U盾）和软件（密码口令）两种。根据我国信息安全技术发展的现状，最为显著的就是商业智能化和信息安全化，尤其是云技术的应用，它能够为金融行业和商业的信息安全提供好的保障，具有巨大的发展潜力，从而有利于信息安全技术的发展。

三、大数据时代的挑战

第一，增加了个人隐私泄露的风险。在大数据时代下，人们每天都会使用计算机网络和智能手机网络，通过腾讯QQ、微信、微博等软件进行信息交流或信息储存，而在这个过程中会产生大量与自己相关的隐私数据。而随着大数据时代的发展，也增加了个人隐私泄露的风险，一旦泄露了这些信息，可能会给个人带来严重的损失，而对于企事业单位，则可能造成公司信息泄露等。

第二，给信息储存带来问题。在大数据时代下，由于很多信息都被储存集中到了一起，通过计算机网络可以有效地进行查询和提取，但是同样也面临更大的风险，由于查询权限设置的问题，信息泄露的风险就会增加，这也在一定程度了提高了维护信息的难度。虽然目前很多企业都已经推出了信息安全保护软件，但是在大数据下，并不能保证信息安全就一定不会出现问题。

第三，被应用到信息网络攻击中。在大数据时代下，市场竞争日益激烈，很多企业为了获取更有价值的信息采用不良方法，通过精通计算机各类技术的人员利用大数据的漏洞使用网络信息技术对其他企业进行攻击，从而窃取到企业的经营信息、客户群体、商业信息等内容，从中获取经济利益，给市场经济造成混乱。

第四，行业挑战。大数据带来了社会的深刻变革，很多行业面临着转型与洗礼。如体育赛事、股票市场、市场物价、用户行为、疾病疫情、交通出行、能源消耗等领域，大数据的预测让人类具备可量化有说服力可验证的洞察未来的能力，大数据预测的魅力正在释放出来。

第五，社会道德挑战。大数据一方面给人们带来了广泛的社交信息交流；另一方面给人们利用大数据进行破坏活动创造了机会。

第二节　大数据对高校教育管理发展的影响

一、大数据对高校教育管理发展的主要影响

高校大数据教育管理是教育现代化的客观要求，其具有科学性、及时性、互动性、差异性及权变性等特点，从而具有传统高校教育管理无法比拟的优势。在高校大数据教育管理实践中，相关关系和因果关系仍是高校事物之间最主要的两种关系，它们并不是相互排斥的，相关关系不仅不能取代因果关系，反而快速清晰的相关关系分析为寻找因果关系提供了指导和帮助作用。只不过，高校教育管理中的大数据与商业领域中的大数据运用有着根本区别：商业领域不太重视因果关系，比较重视相关关系；而高校大数据以相关关系为切入，最终寻找特殊的相关关系——因果关系。

（一）高校教育管理大数据的类型划分

大数据技术是高校教育管理由传统的科学管理向文化管理进化的重要力量，随着高校大数据平台建设，教育信息技术在校园的广泛运用，高校教育管理大数据呈现多样化、复杂化、动态化的趋势。高校教育管理大数据的类型划分如图2-1所示。

1. 依据相关性质划分

依据性质划分，我国高校教育管理大数据可分为结构化数据、半结构化数据和非结构化数据。结构化数据是工整的数据，可以用二维表的结构来进行逻辑表达，属于关系型数据；非结构化数据包括所有格式的办公文档、文本、图片、智能硬件结合数据、标准通用标记语言下的子集可扩展标记语言（XML）、超文本标记语言（HTML）、各类报表、全球定位系统数据、图像和音频/视频信息等教学资源，不适合用二维表存储；而半结构化数据，顾名思义，其既不属于结构化数据，也不属于非结构化数据，而是介于两者之间的数据，如HTML文档就属于半结构化数据。半结构化数据一般是自描述的，数据的结构和内

容混在一起，是用树、图来表达的数据，和其他领域的大数据有着相似的特征。目前，在我国高校大数据中，非结构化数据占主流。

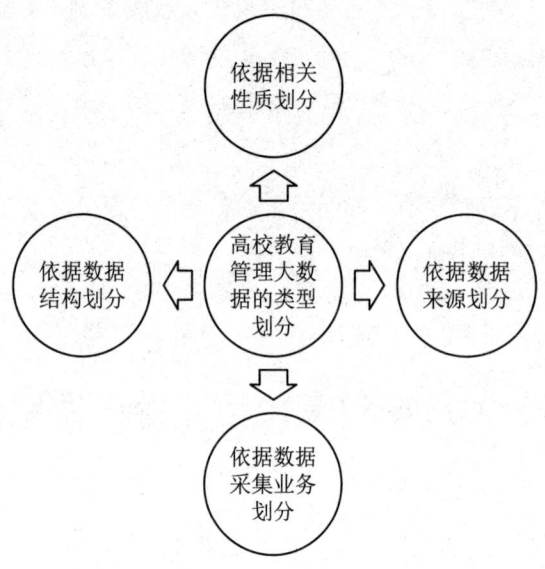

图 2-1 高校教育管理大数据的类型划分

2. 依据数据来源划分

依据数据来源划分，我国高校教育管理大数据可分为两类：一是来自教育系统内部，与教育教学有关的数据，包括高校教学、科研、人事、学工、党团、后勤、图书馆等部门生产的大数据，这是教育管理大数据的主要来源；根据数据产生部门，也可把高校教育大数据分为四类，即教学类数据、管理类数据、科研类数据及服务类数据。二是来自外部数据源的数据，特别是互联网和社交媒体产生的数据。随着脸书、腾讯 QQ、微信及微博等社交媒体的发展和移动宽带及局域网等的发展，大学生网络化趋势加剧，24 小时挂网活动现象不断增加，与此同时产生的大数据也在不断增加。

3. 依据数据采集业务划分

按数据采集业务划分，我国高校教育管理大数据可分为学生管理类大数据、教师管理类大数据、综合管理类大数据和第三方应用类大数据四类。学生管理类大数据主要来源于学生的学习和生活及社交数据活动，如学生的基本信息、考勤、作业、成绩、评奖评优、参加的各级各类活动表现、学生网络轨迹及表现等。教师管理类大数据主要包括教师基本信息、备课教案、课堂教学、作业批改、答疑解惑、科研数据、评奖评优、进修培训、参加的各类活动数据及社交活动、网络活动数据等。综合管理类大数据包括学校基本信息数据、学校各项评比类数据、学校各项奖励等。第三方应用类大数据包括金融缴费、教学资源、生活服务、云课堂、微课及慕课资源等。

4.依据数据结构划分

按数据结构划分，高校教育管理大数据的结构可分为四层，从内到外分别是基础层（教育基础数据）、状态层（教育装备、环境与业务的运行状态数据）、资源层（各种形态的教学资源）和行为层（教育用户的行为数据）。一般而言，基础层和资源层数据属于结果性数据，状态层和行为层数据属于过程性数据。基础层数据主要包括人事系统、学籍系统、资产系统数据等，主要服务于高校管理者宏观掌握高校发展状态科学决策，一般是结构性数据；状态层数据在智慧校园中主要靠传感器获取，主要服务于高校管理者掌握各项教学业务运行状况，优化教育环境；资源层数据以非结构化数据为主，主要包括网络教学资源（以慕课、微课、应用程序、电子书等形式存在），也包括上课过程中产生的笔记、试题等动态生成性资源；行为层数据包括教师行为数据和学生行为数据，教师行为数据占主体，主要服务于个性化学习、学习路径推送、行为预测和发展性评价。

（二）高校大数据教育管理的主要特征

传统高校教育管理存在人文不足、形式单一、反馈不足等诸多弊端，这与教育管理现代化的发展要求相悖。高校大数据教育管理则可成功破解以上难题，通过发挥科学性、及时性、差异性、互动性、整合性、权变性等特点和优势，彰显数据管理的魅力。高校大数据教育管理的主要特征，如图 2-2 所示。

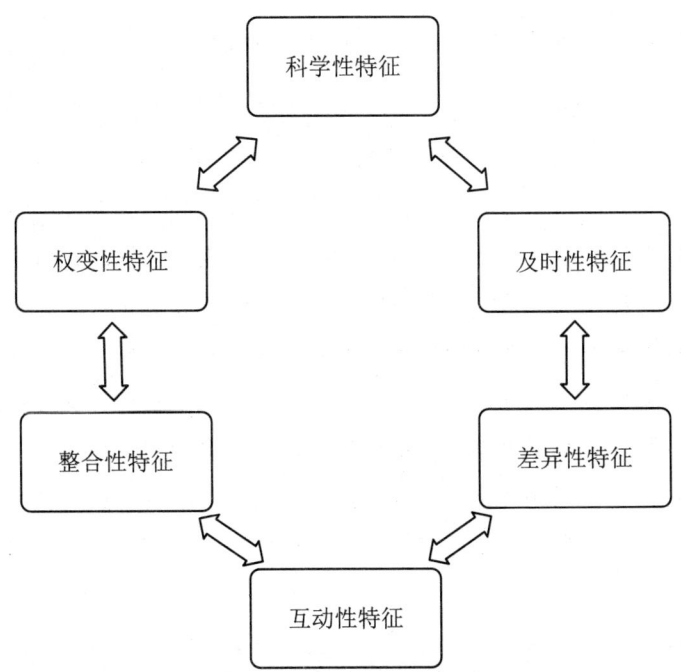

图 2-2 高校大数据教育管理的主要特征

1.高校大数据教育管理的科学性特征

传统高校教育管理决策模式主要有四种：依靠决策者的理性认知决策的模式，通过"合意"过程来平衡大学内部多方利益的"学院型"模式，通过"扩散"程序表达不同利益群体的"政治型"模式，决策程序无章可循、随意性大的"有组织的无政府型"模式，这四种模式的共同缺点就是决策者的有限理性，缺乏科学性。

大数据的核心是预测规律，高校大数据克服了传统小数据的局限性和不能反映整体的弊端，通过全面的考量，从而洞察隐藏在师生复杂、混乱数据背后的行为规律，从而提高教育管理的科学性。历史不会重演，却自有其韵律。当前，人类行为大部分是可以预测的，人类的行为也是有规律的，人类的大部分行为都受制于规律、模型以及原理法则，而且它们的可重现性和可预测性与自然科学相当。

在教育决策方面，利用大数据技术能增强高校教育管理的科学性。高校教师的科研数据、教学数据、评奖评优数据、参加各类大赛数据及其生活、作息、交友、娱乐等数据，它们之间及它们与学校的管理机制、制度及投入等都有着诸多关联，这些数据背后都隐藏着规律，如可以通过对科研成绩斐然的教师的作息和科研之间的关系、兴趣爱好与科研之间的关系、教学成效与科研之间的关系等诸多维度进行数据关联分析，建立数据模型，寻找其中规律，为科学决策提供依据，从而更好地制定学校科研政策、教学管理制度及评价制度。

同时，高校教育管理大数据对于学生的学习与需求、舆情监控及科学决策有着重要意义。学生的学习成绩、能力素质、上网习惯、图书借鉴、就餐情况等之间存在某种关联，通过数据分析，寻找这种关联和规律，增强教育管理的科学性，从而收到"事半功倍"的效果。

2. 高校大数据教育管理的及时性特征

智慧校园的前提是教育管理信息化，大数据技术是高校教育管理智慧之道的依凭。高校教育管理大数据是即时的、当下的，具有预警性，这为教育管理者抓住关键时期开展工作提供了技术保障。在网络深度覆盖的校园里，师生活动处处有数据、有信息，合成空前的数量，其中的信息暂不考虑其现象是否与本质完全吻合，但是一些异常的信息和规律性的信息总是会在海量数据中涌现出来。对异常的信息，通过相应数据技术设立容忍度和临界点，使之达到界限后启动报警系统，最终起到防患于未然的作用。学生的交际问题、学业问题、就业问题、感情问题及经济问题等，都必然会通过网络时代的各种媒介得到展示与宣泄，而高校利用大数据技术，可以做到因势利导、超前谋划，及时预防和处理危机事件，将相关损害避免或减少。如果高校建立了基于大数据平台的师生行为预警机制，那么教师违反师德的行为就会早发现、早处理，这也说明了高校建立基于大数据的预警机制尤为重要。

3. 高校大数据教育管理的差异性特征

高校大数据教育管理的及时性、科学性是从宏观来讲的，而高校大数据教育管理的个性化则是从微观而言的。因材施教、个性化管理和多样化人才培养一直是教育的理想，高校教育管理对象具有差异性，尊重大学生的个性特点、兴趣爱好、能力差异、家庭背景差异等，是高校教育管理者做好教育教学管理和服务工作的前提。

尊重是爱，是方法，是境界。局限于技术及精力，在小数据的时代，高校教育管理者要做到见微知著是比较困难的，但是在大数据时代，这一切都显得更加容易。大数据教育教学资源，可以为学生量身定做适合个性特征的培养方案和课程清单，让学生突破时空限制，享受高质量的教育教学资源。大数据时代个性学习，不仅对于个体有着显微镜的功能，同时也可以预测学生群体活动的轨迹和规律，为高校教师改进教学提供有效反馈。因此，我们可以说，大数据技术是高校精准教育、精准帮扶的重要保障。

4. 高校大数据教育管理的互动性特征

基于大数据的高校教育管理克服传统教育管理中的单向度，实现师生的互动，从而产生互动效应。互动效应在心理学上指两个或两个以上的个体通过相互作用而彼此影响从而联合起来产生增力的现象，亦可称为耦合效应或联动效应。一般而言，赋予积极的感情行动，将会收获积极的感情反应。高校单向传授和灌输式的传统教育教学方式缺乏感情的耦合联动，导致教育教学缺乏实效性。在大数据教学平台上，高校教师与学生可以即时互动，答疑解惑、传道授业，对于学生做题的速度、学习的进度，教师都可以实时监控，做出处理，其他学习者也可以做出解释和指导。在这样的学习互动氛围中，信任、支持、谨慎、勤奋及求精等情感信息释放，从而在整个群体中产生积极互动效应。对于思想教育工作而言也是如此。针对教育命题，鼓励大学生积极参与，充分发挥其主人翁精神，为问题的解决、为学校正能量的传播贡献计策；在学校社交平台或学习平台上，针对就业困惑、心理困惑及学习困惑等，充分发挥朋辈效应的作用，使学生自我教育、自我发展，从而实现教育的"润物无声"。

5. 高校大数据教育管理的整合性特征

高校大数据的整合包括高校内部和高校外部资源的整合。只有整合资源，才能使资源的利用价值最大化。高校通过大数据技术可以很好地实现资源整合。初级层次的资源整合是介于学校内部各部门、各单位之间的数据资源整合。通过大数据平台的建设，可以打破部门数据分割，实现数据共享，促进数据公开和流通。高校之间及区域之间的大数据平台建立是资源整合的高级层次，这对于促进整个地区乃至国家的教育发展、资源节约具有重要的战略意义。以慕课为例，当前，世界上主要的慕课平台有课程时代、优达学城等，这些慕课平台的建立，不仅提高了高校的全球知名度和社会美誉度，还对传播优质教育资源、促进人类教育发展有着举足轻重的作用。目前，我国高校也在资源整合方面取得一定的成绩，如清华大学、北京大学、上海交通大学及复旦大学等高校已建立面向社会开放的大规模课程平台，中国大学慕课受益面不断扩大。

6. 高校大数据教育管理的权变性特征

权变管理的核心思想就是"以变制变"。管理没有定法，只能根据外部环境和内部要素的变化而采取不同的方法策略。学生的学习数据、教师的教学数据、管理人员的行为数据、监控里的安全数据等，都是动态的、实时的，形成一股股信息流，一切都是不断向前流动的过程，故而"变"是高校教育管理永恒的主题，这就要求高校教育管理人员要及时掌握管理对象、管理内外部环境的变化情况，研究各种变化的趋势和规律，并研究各种变化之间可能的相互作用及后果，从而提前采取科学、适宜的有效方式来应对。大数据技术为高校教育管理者及时获得管理对象的各种信息提供了技术保障，大数据的海量、快速、动态和便捷性有利于高校教育管理权变性的实现。

二、大数据对高校教育管理发展影响的内容

大数据对高校教育管理发展影响的内容如下（图2-3）：

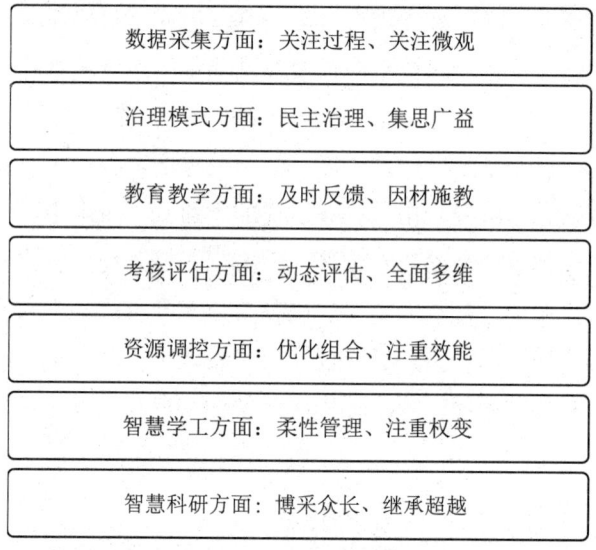

图2-3　大数据对高校教育管理发展影响的内容

（一）数据采集方面：关注过程、关注微观

局限于技术、人力和物力，传统高校数据采集以管理类、结构化和结果性的数据为重点，关注教育整体发展情况，这种反馈机制在一定程度上对高校教育决策、规章制度的制定起到了积极的作用。但是对于学生、教师、科研的实时掌握情况却不够，对于不好的结果也不能提前预测和预防，而多是事后补救型，从而使高校教育管理处于被动局面。

随着大数据技术强力渗透到各行各业，高校教育数据的采集将面临新的变革。互联网、物联网和大数据技术支撑下的高校智慧校园，不仅在采集数据的数量上超越了传统高校，而且在数据的质量及数据的价值方面都具有传统高校数据所不可比拟的优势。高校教育管

理大数据具有非结构化、动态化、过程化及微观化的特点,处理程序更加复杂、深入和多元化。学生的学、教师的教,一切活动都处处有痕。数据流源源不断,在数据分析师的头脑加工,产生源源不断的智慧流,从而促进高校教育管理更加科学化、人性化。当然,高校大数据采集和管理宗旨是:功能是必需,情感是刚需,以人为本。然而,由于高校教育管理对象及活动的复杂性,加上缺乏商业领域标准化业务流程,高校教育管理大数据的采集活动呈现复杂性的特点。

在高校教育管理大数据的分析中,要特别强调因果关系,教育是以培养人为根本目标,它不同于无须追求根源的商业数据。教育大数据不仅要"知其然",更要知其"所以然",通过技术分析和处理,挖掘高校教育管理大数据所体现的规律及发现揭示问题背后的根本原因,最终寻找破解之道、应对良策,从而更好地提升高校教与学的活动效果。

(二)治理模式方面:民主治理、集思广益

大数据时代,高校决策模式、治理模式都将面临转型。传统高校治理属于"精英治理",受限于校园信息化程度和智能化程度,学校各项事业发展方案、措施、策略等不能广泛传达至师生,民主意识较强的管理者顶多召开一个小范围的研讨会,或者以开会的形式传达,而这种正式会议过于严肃和拘谨,缺乏自由、轻松的氛围,不利于异质声音的表达,也就意味着不能将群众的真正声音传递到决策者耳中。而在以互联网、物联网、云计算、大数据及移动终端为技术支撑的智慧校园中,可以实现高校由"管理"向"治理"转变,更好地实现治理的民主化、科学化。

高校管理者与师生不受时空限制的互动交流,至少有四点优势:一是收集有利于学校发展、各项业务完善的群众智慧;二是传达学校发展战略、思路,形成上下合力;三是拉近干群距离,将各种矛盾化解在萌芽状态;四是决策处处留痕,实现阳光政务,促进决策的规范化、科学化。

(三)教育教学方面:及时反馈、因材施教

利用大数据技术开展翻转课堂教学改革或在线教育是当前高校教育管理变革的重要内容。高校学生数量庞大,是运用信息技术的主要群体,也是高校教育管理大数据的重要生产者和使用者。可以根据学习平台上不同学生对各个知识点的不同用时、不同反应,来确定要重点强调的知识和决定不同的讲述方式。大数据教学有两大优势:一是私人定制;二是大规模个性定制。私人定制即借助适应性学习软件,通过相关算法分析个人需求为每一位学生创建"个人播放列表",且这种学习的内容是动态的。通过大数据分析,可以对提高学生个体学业成绩需要实施的行为做出预测,决定如何选择教材、采取怎样的教学风格和反馈机制等。

大规模个性定制指根据学生差异对大规模学生进行分组,通过相同测验,有更多相似性的学生会被分在一组,相同组别的学生也会使用相同的教材,因此,大规模个性定制教

育的成本并不比批量教育成本高许多。

总而言之，人类教育的形式由古代学徒制到近现代的学校制，再到在线教育的个性化，是教育形式的螺旋上升，既解决了教育产品的量的问题，又能很好地解决教育产品质的问题。大数据的教育潜力很大，运用前景广阔，以行为评价和学习诱导为特点的在线教育平台，仅是其影响高校教育的较小范围。

（四）考核评估方面：动态评估、全面多维

我们要用运动的、全面的眼光评价事物，作为"科学""先进"的社会群体符号代表的高校教育管理者，对于学校的办学水平及教与学的成效评估更要体现科学性和人文性。大数据时代，从数海中找到当前教育管理问题及其影响因素和根本原因，用易懂的数据关系诠释深刻的哲学道理，是这个时代的重要特征。

大数据促进高校教育管理评估从注重经验向注重数据转变，从注重模糊宏观向注重精准微观转变，从注重结果向注重过程转变。高校教学活动是大数据评估最常用的领域，从一定意义上理解，高校大数据应是人类学、社会学、社会关系学背景下的大数据。高校内部大数据系统一定要与外部社会大数据系统建立起融合关系或者链接关系，这样才可能从知识、情感、能力、道德等方面全方位、多维度了解学生，制订人性化发展方案，有效避免以学习为中心，从而更好地实现以素质为中心的教育旨趣，才能更好培养符合社会需求的高水平专门人才。

首先，高校利用大数据技术，对人才培养、产业发展及社会信息等数据的采集要提前布局，要有连续的数据对其支撑，每个地区的生源情况、就业情况，要有长期连续的动态数据，才能从数海中预测经济发展、社会人才需求、高等教育未来发展趋势等，及时调整学校发展战略，促进人才培养模式改革；其次，大数据技术可以实现考核评估的革命性改变，高校教育管理者利用回归分析、关联规则挖掘等方法帮助教师对学生学习状况、思想状况、社交状况等进行全方位的掌握，关注学生成长的过程，实现评估的全方位和立体化，从而优化教育管理策略，提高教育管理效果；最后，利用大数据技术可以建立起教师科研、教学的预警机制，对于教学质量监控、科研趋势等设置报警区域，达到设定的阈值，系统自动报警提醒管理人员重点关注一些教师。基于大数据技术，创新高校教育教学评估体系，使之更加多元化、智能化、个性化，实现由传统基于分数的评价向基于大数据的评价转变，由传统的结果评价向过程评价转变。

（五）资源调控方面：优化组合、注重效能

推进高校资源大数据平台建设，有利于对有限的教育教学、实验室、寝室等资源进行重组、匹配和优化，从而使教育资源具有新的结构，产生新的功能，提高资源效能。在实践中，有很多高校投入巨资建设的实验室利用率较低，而有的实验室利用率很高，学生急于寻找实验室而限于信息缺乏或者人为设置的障碍无法获得资源；与之类似，教室、图书

馆的阅览室也存在这样的"两极"现象，高校资源大数据平台可以很好地解决这个问题。

首先，大数据中心建设要从理念上打破所有教育教学、实验图书等硬件资源的固定归属，从学校整体层面进行调控；其次，依托物联网、通信、控制、大数据、云计算技术对资源、能源进行科学调配和利用，从而实现管理的模糊化向清晰化、经验化向科学化转变；最后，通过大数据平台实现学生对学习、生活的资源的方便、快捷获取。

我国诸多高校在教育教学资源管理智慧化方面已做出有益的探索。例如，浙江大学通过大数据中心建设，形成全校数据资产，并为教务、物资设备、学工、科技等部门提供数据服务；同济大学以先进的节能监管平台，对数个分散校区的资源、能源实行远程、实时、科学监测，为节约型校园建设提供了基础保障；常熟理工学院启动数据中心虚拟化项目，按照"服务准、系统稳、资源省"的目标，引入"戴尔综合化虚拟系统解决方案"，从而实现了数据高安全性和高可用性，实现按需分配、动态分配系统资源的虚拟化应用，实现数据资源的跨校区容灾备份，保证应用系统 24 小时不中断。

通过建设资产信息管理与决策支持平台，使用者和管理者能及时掌握资产信息的情况，改革管理者被动、业务部门信息不对称、沟通交流不足的局面，提高管理效率；同时也为学校、二级学院及部门进行成本核算或招投标决策提供参考。

（六）智慧学工方面：柔性管理、注重权变

大数据促进智慧学生工作，是大势所趋。

第一，高等教育转型和高等教育大众化发展，对高校学生工作管理人员提出更多的挑战。高等教育大众化的结果使高校学生规模逐年扩大，专业学生管理人员的增比不及学生规模的增比，学生工作的繁杂性和艰巨性大大增加。

第二，在信息技术的影响下，学生工作管理者传统的话语权正在被削弱，唯有顺应时代潮流，利用信息技术、大数据技术等优势，增强话语优势和管理服务效果。

第三，高校转型发展对学生工作提出更高的要求，高校教育管理目前正面临着由粗放管理向精细管理的转变，传统高校学生管理存在刚性有余、柔性不足的缺点，现代教育管理的发展趋势则是柔性化。柔性管理要求以生为本，关注激发学生发展的内在驱动力、动力持久性和管理权变性。在小数据的年代，高校欲实现柔性管理显得力不从心，不能随时随地掌握学生的学习、科研、生活、社交等信息，且往往历经千辛万苦得到的数据，最后因失去时效而显得没有意义。因此，建立学生工作综合信息管理和决策平台，能够及时、全面获取学生工作大数据，能够快速发现问题，及时调整策略，主动实施有效措施，从而使工作更有弹性、彰显柔性。利用大数据技术，可以多维度、全方位地为学生画像，用来分析学生的学业情况、预测挂科、分析排名突降原因，动态评估学生消费，精准资助，预测学生毕业去向，引导个性化、针对性就业。

例如，上海交通大学不仅建立数据中心，且在数据开放的道路上迈出大步，其开放了无线网络、一卡通、气象三个数据集,其数据集也得到诸多应用,还催生了许多学生创业团队。又如,上海海洋大学利用大数据技术,使新生入学报到诸事早知道,使新生教育服务工作精细化,新生可以提前上网申请绿色通道、选购生活用品及提前申请勤工助学岗位等,完成大部分的报到手续。

(七)智慧科研方面:博采众长、继承超越

在当前知识加速进化的时代,科学研究已来到超大科学的拐点。当科研遇上大数据,就诞生了学术界流行的新理论——"科学研究第四范式"。高校是培育人才、科学研究的重要阵地,高校教师肩负促进知识创新和传播的使命。大数据科研资源平台为高校科技创新主体提供文献资源,数据的搜集、文献的查找、资源的获取是高校教师从事科研工作的重要基础。高校科研大数据系统包括科研文献库和科研综合信息管理与决策平台两个部分。

1. 大数据背景下的科研文献库

科研文献库大数据是高校科研的重要参考资源。科学的发展离不开交流和讨论,因为科学中存在错误和局限。科学扎根于交流,起源于讨论,一切科学知识都是猜测的、可错的,批判和批判的讨论是接近真理的重要手段,而讨论是基于科学的可错性的,科学是一个不断进步的阶梯,今天"正确的"结论,随时都可能成为"不正确的"。信息时代的科学交流除了传统的研讨会、学会等方式外,网上资源的利用、现代科研搜索软件的运用显得更加重要。科研文献库的建立是高校科研人员文献研究的基础,有利于高校教师对已有科研成果的继承和超越。一般而言,高校科研文献库越丰富,对科学研究的正影响越显著。

高校科研文献库的建设形式有两种:购买文献资源和自建文献资源。购买资源包括高校在中国知网、万方、维普、超星、读秀等购买的论文、著作、文集等资源;自建资源包括高校特色数据库,如中国水利工程数据库、大学名师库、测绘文摘数据库、校本硕博论文库、专题数据库、特色数据库等。这些资源对于学校师生的研究和提升具有重要的借鉴和启发作用。

2. 大数据背景下的科研活动

大数据使高校科研活动具有智慧性。高校教师可以利用智慧检索软件,对文献信息资源进行学科分析与科研选题,或者跟踪科研进展与定制个性化服务,精准查找交流、评价专家及合作伙伴,提高研究效率。面向科研评价领域的软件有研究者学术搜索网、可视化文献分析软件等,面向全领域的软件有网络工作台等,面向社会科学领域的软件有UCINET,面向功能专题的工具有CFinder等,可以很好地找出领域专家、作者从事的领域、合作团体等。

3. 大数据背景下的科研效益

通过大数据技术使高校科研从传统的寻找因果关系转向寻找相关关系,从而减少研究资源的浪费,节约研究的时间,提高研究的效率和成果的可靠性。科学研究就是寻找大自

然物理现象背后的机理、原因，大数据技术使之更容易、更接近规律，且节约成本，包括经济成本、人力成本和时间成本。通常而言，一旦我们完成了对大数据相关关系分析，而又不再满足于仅仅知道"是什么"时，我们就会继续向更深层研究因果关系，找出背后的"为什么"。科技史上没有一个科研的突破能够离开大数据技术的支撑，高校是科研的重要阵地，高校的科学研究也需要借助大数据技术进行数据驱动的决策。

4. 大数据背景下的科研管理

科研管理综合信息与决策平台有利于提高科研管理的科学性和效率性。利用内部、外部信息，进行科研数据的分析，可以消除或减少重复立项、经费安排不合理、项目负责人不胜任等问题，从而促进公平竞争、促进科研资源的优化配置，提高科研资源使用效益。建立科研大数据平台，包括从外部主管部门科研系统中获得的科研项目的数量、类别与要求，从内部科研数据库中得到的人员、设备、经费、研究经历与研究条件等信息，从网页上获得的论文和专利的数量与质量等信息，从项目成果报表上得到的成果转让和奖励等信息。通过科研管理综合信息与决策平台的建立，将各类信息进行整合，对研究课题的科学性、创新性和外部文献库进行综合分析，对申请者所涉及的各项因素综合分析，将不合理的因素排除在立项之前，最终为科研项目评估专家提供决策支持。

第三节 大数据时代的高校教育管理工作模式

一、大数据时代的高校教育管理工作模式优势

第一，有利于改变高校学生管理现状。随着物联网和大数据技术的发展，高校的学生管理可以实现人、物、机的有机融合，充分展示了大数据管理模式的优势，学生教育管理信息化的时代已经到来。大数据产生的信息对人们的生活、工作和思维产生了强烈的冲击，高校学生教育管理也由此实现了自己的时代转型，这也暗示着大数据技术给大学生管理工作带来了革命性的变化，运用大数据管理教育学生，使得我国目前高校学生教育管理滞后的现状得到了极大的改变。

第二，高校智慧校园的重要依托。随着大数据技术的进一步发展，智慧校园的构建开始在高校学生教育管理中发挥重要的作用，智慧校园是依托信息技术，科学地整合学生生活和学习的有关数据，并建立充满正能量的校园文化环境，有利于学校各个部门之间协调配合，能有效提高高校学生教育管理效率。智慧校园的构建目前在我国还处于起步阶段，所以，必须重视大数据对于智慧校园构建的重要作用。

第三，网络思想教育的主阵地。我国高校大学生教育管理的经验是十分丰富的，也取得了一定的效果，而时代的发展又对大学生素质提出了更高的要求，即大学生应具备积极

向上的精神面貌，以面对多元文化给大学生群体带来的严重影响。充分运用好大数据技术，结合新媒体手段，提升高校思想工作的效果，通过与大数据技术的高度融合，网络思想教育主阵地已经构建起来，并在思想教育上发挥了突出的作用。

二、大数据时代的高校教育管理工作模式实施

目前，大数据开始逐渐与大数据技术相结合，这就给高校学生教育管理工作提出了新的挑战。鉴于此，需要对大数据时代下高校学生教育管理模式进行探索。大数据时代的高校教育管理工作模式实施需要注意以下内容（图2-4）：

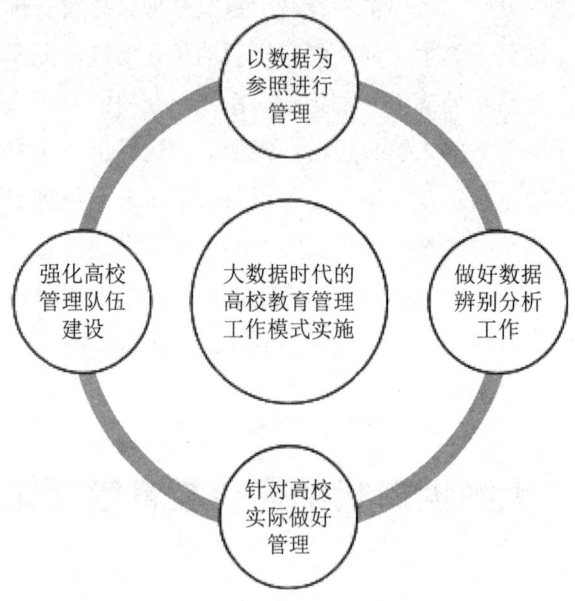

图2-4 大数据时代的高校教育管理工作模式实施

（一）以数据为参照进行管理

在教育管理学生的工作中，要做到依托数据，参照数据信息来对学生进行教育和管理。可以建立学校自己的数据采集与整理平台，在学生管理教育工作中遇到问题时，可以通过专业软件展开信息搜集和分析工作，将传统模式下的"事后告知"向大数据模式下的"事前预警"转型，在此基础上帮助教育管理人员全面地了解学生的学习情况，并拿出对应措施，而不能单纯根据个人主观感受拿出处理意见。在具体的工作中，大数据的有力支持，提高了管理工作自身的说服力，更易赢得学生的支持与认可，使得学生管理教育工作可以规范有序的展开。

（二）做好数据辨别分析工作

大数据时代，有关高校大学生的信息数量是十分庞大的，其中，不乏一些负面的信息。辨别这些信息的内容是需要专业人士来进行的，在获取信息后，判断信息的真假是首要的工作，辨别评估结束后，确定是正面信息后才可以在工作中使用。为了推动大数据学生教

育管理工作的开展，需要在学校数据平台上植入信息辨别系统，对平台上的数据进行 24 小时监控，一旦发现不良信息，立即把这些数据清除，避免数据管理出现混乱，保证平台上充满健康正面的数据。例如，在管理学生考试成绩的过程中，要设计专门的数据管理程序，避免学生考试成绩数据丢失或者被篡改，使得大数据学生教育管理系统安全可靠地运行。

（三）针对高校实际做好管理

各大高校在运用大数据系统对学生进行教育管理的过程中，相关配套设施的建设必须提前做好，需要充分结合学校实际，并考虑学校的经费投入能力，进行合理的规划。对网络信息化设备的配置、人才队伍配备以及数据收集处理做出有针对性的规划，同时，结合校内外实际，汲取先进单位的工作经验，针对本校实际进行灵活调整。要做好大数据使用的调研工作，组织专业人员参加调研活动，同时，保障大数据系统设计的专业性，系统在运行前要做好调试工作，确保大数据技术在使用中的快捷性。

（四）强化高校管理队伍建设

学生管理队伍素质的高低，会对学生质量管理造成决定性影响，高校应该提升管理人员的信息化素质，使他们熟练掌握和运用大数据技术对大学生实施教育管理，制订学生教育管理方案，并针对实际情况调整和完善这一方案，这不仅有助于提升学生管理工作的效率，还能够更加全面地对大学生群体进行教育和管理，从而使得大学生实现全面可持续发展。同时，教育管理人员借助大数据平台，要与学生之间加大沟通和交流的力度，使得高校学生教育管理变得更加人性化。就我国目前的高校学生教育管理模式而言，由于教育管理者与学生之间缺乏互动，对大学生的教育管理造成了不利的影响。在大数据背景下，信息交流和共享变得更加方便快捷，因此，借助大数据手段有利于实现学生教育管理的信息化。与此同时，借助大数据平台，教育管理工作者可以及时掌握每一个学生的动态，然后从学生视角进行思考，进而把科学合理的教育管理规章制度制定出来，使其在学生的教育管理工作中发挥重要的作用。

另外，高校学生也可以运用大数据平台向学校反映管理工作中存在的问题，并由管理者采取措施及时解决。当然，学校教育管理者也可以利用大数据技术搜集需要的信息，并建立相应的数据库，通过大数据平台为学生答疑解惑，给他们提供帮助。

需要注意的是，为了更好地利用大数据开展学生教育管理活动，就需要加大相关人才的培养力度，培养出熟练掌握大数据技术的综合型教育管理人才。在专业人才队伍的支持下，高校学生的教育管理才可以规范高效地实施，而不是简单的流于形式。

综上所述，"在当今大数据时代，高校学生管理教育工作面临着更大的挑战，对工作人员的综合素质提出了更高的要求，必须把大数据技术融入其中，合理运用大数据资源提高工作效率"。① 具体而言，就是要从硬件与软件两个方面加大支持力度，这对高校学生教育管理模式的发展和创新意义重大。随着大数据技术的不断发展，高校学生教育管理也必须与时俱进，不断改进和调整大数据管理方式，进而推动我国高校学生教育管理的发展。

---

① 化开斌：《大数据时代的高校学生教育管理模式转变与应对策略》，《山西财经大学学报》2022年第44期，第86页。

第三章 大数据时代高校学生教育管理工作

第一节 高校学生的学习与生活管理工作

大学生是高等学校培养教育的对象,加强对大学生的管理是高等学校的根本任务,也是培养大学生成才、提高教学质量和实现办学目标的重要手段。高校学生管理是高校对学生工作的综合管理。在高等学校整个教育过程和管理系统中,学生既是受教育者,又是学习的主体;既是学校工作的主要服务对象,也是参与学校管理的活跃力量。学生在高校中的这种特殊地位,决定了高校学生管理的特殊性和复杂性。高校学生管理的实质是,运用教育管理科学的知识和手段,指导与管理学生直接有关的各个部门的工作;综合协调各个部门的学生工作,形成和谐的学校学生管理系统,并对系统实施控制、分析、评价、调整,以高效地实现高校的教育目标。这也是高校学生管理的根本目的和指导思想。

学生的全面发展和健康成长,离不开德智体美劳等各方面的教育。高校的各个部门都担负着一定的对学生进行教育、服务和管理的职责。所以,高校学生工作的科学管理水平,反映了整个学校的管理和教育水平,体现了整个学校的管理和教育工作的效果。高校的中心工作是为培养学生成才服务,学生管理的核心是要为学生成才提供良好的环境和条件。高校在对学生的管理过程中,要针对大学生的特点,健全制度,制定规章,严格管理,积极疏导,依靠学生自我管理,系统教育,充分发挥学生的主体作用,促进学生德智体美劳全面发展。

一、高校学生的学习管理工作

对大学生的学习活动实施有效的管理,是高校实现培养目标的重要保证,是学生管理的重要内容。

(一)高校学生的学习管理原则

对学生学习实行科学管理,必须依据大学教学过程的规律、大学生身心发展的特点,依据社会发展对专门人才的客观要求,制定管理原则和管理方法。大学生在思想上有较强的独立性,倾向于独立观察、分析和思考,自我实现和创造的欲望比较强烈,社会阅历不深,思想单纯,渴望参加社会实践活动,等等。现代科学技术的高度分化和综合,知识的更新速度加快。所有这些,要求高校必须重视对大学生专业知识的拓宽和能力的培养,改革教学内容和方法,改革旧的学习管理制度,遵循一定的管理原则。

1. 严格管理与灵活自主结合原则

根据大学生思维发展相对成熟等特点,应该扩大大学生学习上的自由度,学习上给学生更多的自主性和选择性。对学生的管理要活,活而有序。学习管理的改革要破除"课堂中心、书本中心、教师中心"的框框,创造条件,使学生通过多种渠道、多位教师和多种学科来学习。本着让学生"学精、学好、学活"的原则改革教学管理,给学生以充分的自学时间和学习的自主权,提高学习质量。

2. 民主管理与因材施教结合原则

高校学生学习管理应当坚持面向全体、关注优秀学生、帮助后进生、淘汰劣生的原则。要因材施教,照顾学生特点,努力发现拔尖人才。对有发展前途与特殊才能的学生,应从学习管理规定上给他们较为宽松灵活的选择专业、选择教师的权限,允许提前毕业、免试推荐研究生;对由于主客观原因而学习有困难的学生允许延长学习年限。严格把好质量关,对不适应继续学习的学生应当实行淘汰制,通过合理的优胜劣汰,促进人才的快速成长及其质量的提高。

3. 学习管理与思想教育结合原则

学生的学习与学风有很大的关系,学生管理工作必须注重抓学风建设,要培养大学生养成勤奋、严谨、求实、创新的良好学风,需要通过对学生学习的科学管理,提供正常的教学秩序、安定团结的学习生活,实施优质的教育教学活动,严格要求,加强质量考核和必要的纪律约束,端正学习动机,不断激发学生的学习兴趣,提高学生学习的积极性、主动性和创造性。

形成大学生良好的学习风气,不仅仅是学生学习管理的问题,它还涉及整个学校的工作,需要学校领导干部好的党风、学风的积极影响,需要学校全体教师为人师表的良好教风的带动,需要对学生加强有理想、有道德、有文化、有纪律的教育,增强对大学生学习管理的效果。

(二)高校学生的学习过程管理

大学生的学习过程包括预习、听课、讨论、复习等相互联结和依次过渡的环节。大学生的学习过程是高校教学过程的一个重要方面,要提高教学效果,必须加强对每个学习环节的有效管理及控制。高校学生的学习过程管理包括以下几方面(图3-1):

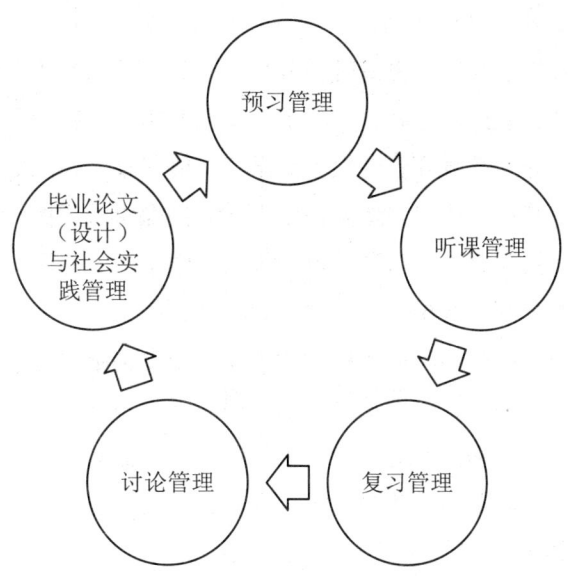

图 3-1 高校学生的学习过程管理

1. 预习管理

预习是学生根据教师指定的学习范围，在课前通过自学教材和参考书籍为听课做好准备，打好基础的环节。预习是学习的第一步，凡是学习新课程一般都应该先预习再听课。做好课前预习，可以引导学生的自主思维，提高学生学习的主动性和目的性，培养学生独立思考、分析问题的能力和自学能力，加深对教学内容的理解和记忆，提高学习效率和教学效果。

加强对学生预习活动的指导和控制，是做好预习的重要条件。首先，指导学生善于预习，学会科学的读书方法。预习是为有目的、有重点的听课做准备，所以，应该指导学生在预习中了解教材全貌，粗略知晓将要学习的大概内容。为了提高预习的效率，可以采取"扫描式"和"跳跃式"的阅读方法，以抓住教材的筋骨脉络，以发现疑难问题为主，鼓励发散性思维和多提问题。其次，激发学生的预习兴趣。引导学生体会预习的乐趣和效果，发现问题，激励学生通过自己的课前钻研，主动地探求知识。教师教学要考虑到学生预习的作用，在学生充分预习的基础上，教师讲授时要着重讲清学生理解不透的重点、难点和分析问题的要点。凡是学生通过预习已经领悟的问题，一般可以不讲。最后，教育学生坚持预习，养成习惯。预习能起到事半功倍的作用，只要持之以恒，形成习惯，讲求方法，防止流于形式，对学生专业知识的学习和能力的提高会产生很大的促进作用。

2. 听课管理

课堂听课是学生获得知识最主要的途径，是学生学习最主要的形式。在教学过程中，学生是学习的主体，一切教学措施最终都必须通过学生的学习活动体现其成效。任何人都无法以任何方式代替学生的学习认识活动。基于这个认识，学生听好课堂讲授，是关系到学业成绩优劣的中心环节。

对听课过程实施有效的控制，提高听课效果，首先，要求学生必须"四要"，即眼要看，耳要听，手要写，心要想，"眼、耳、手、脑"并用；教师应尽可能地采用多种教学手段，发挥多种传播媒介的综合效应使学生对学习材料丰富、生动具体的感知达到深刻、全面认识事物的目的。其次，要恰当地处理好听课与做课堂笔记的辩证关系。课堂笔记本身能起到备忘、补遗、指示重点、帮助复习的作用。学生在听课时做好课堂笔记，可以加深对知识的理解，提高听课的效果。听好课是做好笔记的基础和前提。要使学生避免只顾低头记笔记而忽视听和看的弊端，应该指导学生做笔记学会抓"重、难、详、略"，对重点、难点和没有听懂的问题，做详细记录，以便课后进一步学习和钻研。最后，保持良好的课堂纪律、充沛的精力。学生课前不应做激烈运动，要提前做好课堂准备，保持安静、严肃的课堂气氛；课堂上要保持灵敏的思维、高昂的情绪，思维活动要和教师讲授同步进行，注意张弛相济，提高思维效能。

3. 复习管理

复习是重新识记学习、记忆过的材料，使之巩固并达到记住的目的的过程。其生理机制是，通过对暂时神经联系的不断强化，使它的痕迹得到进一步的巩固和保持。从认识论的角度而言，人对客观事物的正确认识，往往需要经过多次反复才能逐渐完成。人们所学的知识和技能，只有通过不断的复习才能得到巩固和熟练。

对学生的复习进行有效的控制和指导，首先，必须使学生恰当地掌握复习时机，做到及时复习。根据记忆遗忘规律，记忆的持久度与两次复习之间的间隔长短有关，一般是先快后慢。因此，应该加强学生的及时复习。当天的功课，要争取当天复习，如果相隔时间久了再去复习，将是事倍功半。其次，要做到经常复习。根据学生学习的需要、知识的难易度及掌握程度，可以采取"分散复习""集中复习""整体复习"和"部分复习"等多种形式，指导学生经常复习教学内容等知识。最后，教师通过课堂讲授，引导学生温故知新。教师在讲新课时要有目的、有针对性地复习旧的知识和概念，指导学生以旧有知识为中介，运用已经学过的知识去思考和理解新的概念和知识，同时进一步复习和巩固旧有知识。

4. 讨论管理

讨论是教学过程中学生在教师的指导下围绕某一中心问题交流思想、互相启发、认识和解决问题的一种方法。通过讨论，可以发挥集体的智慧，开阔思路，互相学习，取长补短；锻炼学生的思维能力和表达能力，活跃思想，激发学生的学习兴趣和动力；促进学生对所学知识的巩固、消化、理解、提取及其运用；培养学生勤于思考、虚心好学的风气和习惯，帮助学生树立坚持真理、修正错误的精神、意识。讨论是大学生深入掌握专业知识的重要环节。

为了使讨论深入生动活泼、富有成效，防止流于形式，必须加强对讨论的控制和指导：

首先，在讨论前，应明确讨论题目和方法，指导学生编好发言提纲，有针对性地搜集资料和调查研究，为讨论做好充分准备；其次，讨论中要确定中心发言人，围绕中心议题开展讨论，鼓励学习较差和不善辞令的学生多发言；最后，引导学生联系实际，持之有据，言之成理，以理服人。既要有争有论，明辨是非，又要虚心好学，听取他人的意见。要求学生对讨论做总结和归纳，简要概括讨论的中心内容和主要观点、焦点以及有待继续探讨的问题。

5. 毕业论文（设计）与社会实践管理

大学生毕业论文（设计）是在教师指导下的学习过程和活动，其目的是为了检验、提高大学生发现、分析、解决理论问题的综合能力，巩固学习成果。毕业论文（设计）的撰写是一项复杂的脑力劳动，对学生的知识储备和能力要求较高。因此，除了将论文写作的时间放在大学生活期末并保证足够的时间以外，还必须指定教师做专门指导，包括选题、研究方法、论文资料的收集以及研究内容的指导等。教师对大学生毕业论文的指导，应该着重其研究方法和初步研究能力的培养，充分发挥学生的主观能动性和创造性，使毕业论文（设计）成为大学生学习和工作的一个新起点。

社会实践活动既是大学生思想政治教育的一个有效手段，也是大学生学习活动的一个重要环节和方法。从学习方面来讲，对大学生社会实践活动的管理主要着重于组织和引导学生运用所学专业知识解决社会实践问题，为广大人民群众解决生产和生活问题。社会实践活动主要是由学生参与组织的一种自我教育，由于受时间的限制，多安排在节假日进行，并本着自主自愿的原则由学生选择参加。对此类活动，管理部门主要任务是加强指导，大力支持，保持社会实践活动与课堂学习等其他教育活动的协调进行。

（三）高校学生的奖学金管理

奖学金是为了表彰在德智体美劳等方面尤其是专业教育中成绩和才能优异的学生而实施的一种经济上、物质上的奖励，奖学金是我国高校学生资助体系（包括"奖、贷、助、补、减"）中的重要组成部分，在一定程度上体现了学生学习中按劳分配，多劳多得，优绩优酬的分配原则。

我国在 20 世纪 80 年代末开始对高校在校生实行奖学金制度，其目的是通过对成绩优异的学生一定的物质、经济上的奖励，激发和促进高校广大学生刻苦学习，勤奋钻研，早日成为国家栋梁之材。凡是遵守《高等学校学生守则》或有关奖学金条例，学习成绩优异者，都可以申请、获得相应的奖学金。

高校奖学金设立、评定和发放的原则是，坚持奖励先进，为教学服务，促进学生成才的宗旨，成绩（能力）、效率优先，兼顾公平，保持适度的奖学面和奖学金金额标准，分级分类多层设奖。高校应当根据国家教育部门的有关规定，结合本校情况制定奖学金的评发标准和等级。使广大学生通过努力学习，取得优异成绩，可以得到相应的物质奖励，同时又能避免平均主义，并在同等条件下向家庭贫困的学生倾斜，真正发挥奖学金的激励、强化功能，充分调动学生学习的积极性。

高校奖学金按照奖学的内容，可以分为单项（单科）奖学金、综合（专业）奖学金、优秀学生奖学金和三好学生奖学金等。这些奖学金对大学生的学科成绩、专业成就以及能力、道德品质等方面都要有相应的要求，在评定时要严格区分有关标准，有的放矢，有所侧重。高校奖学金按奖学金经费的来源可以分为国家奖学金（包括中央和地方各级政府设立）、社会奖学金（企业、社会团体、民间个人、海外华侨等设立）、高校奖学金（高校用办学积累而设立的奖学金）等几种类型。这些类型的奖学金在奖学范围、学生专业类别与地区等方面有明确的要求。以国家设立的奖学金影响最大，奖学范围也最广，因而是我国目前高校中最主要的奖学金形式。

实行奖学金制度，对奖学金实行科学、有效管理，有利于培养大学生的竞争意识和观念，形成良好的学习氛围；使学生树立起强烈的进取观念，热爱专业知识，努力学习，刻苦钻研，勇于探索，开拓创新；培养学生的求实精神和自主能力，克服学生对国家和家庭的依赖性，以自己的聪明才智和勤奋努力的成绩获得社会的回报；不断促进高校专门人才素质的提高，适应现代社会对高校人才培养的要求。

必须严格奖学金评定制度和标准，对于那些思想政治上追求进步，道德品质高尚，乐于助人，热心为同学服务，在学校的某些社会活动中成绩突出，同时能较好地完成学业的学生，可另设单项奖，如优秀学生奖、优秀党员或团员（奖）等，以资鼓励，充分发挥广大学生的各种特殊才能与学习潜力。

奖学金制度作为我国高校学生资助体系的一个重要组成部分，需要与其他高校学生资助制度如贷学金制度、助学金制度等相互配合，共同发挥作用。这些资助制度各有其优点和不足，但其目的都是为了促进学生专心学习，刻苦钻研科学知识，可以从不同角度，以不同形式与奖学金制度一道形成合力，共同调动大学生学习的积极性和主动性。对于一个勤奋好学、成绩优异的班级群体，因名额和资金有限大部分学生难以获得奖学金，为不至于影响学生的学习积极性，可以辅之以助学金制度、勤工助学形式，解决他们学习中的后顾之忧，从而进一步激励他们发奋学习，争取早日拿到奖学金，不断提高奖学金对大学生学习的激励保障作用。

二、高校学生的生活管理工作

高校学生的生活管理，主要对学生的学习、课堂之外的物质与精神生活的管理，包括学生的宿舍与食堂管理、学生课外活动的管理等。

（一）高校学生的生活管理原则

高校学生的生活管理是高校学生管理工作的重要组成部分，是高校的一项基础性工作。大学生是一个特殊的知识群体，每天都离不开衣食住行、文体娱乐，对物质生活和精神生活有其独特的需求。对这些需求必须予以高度重视。

学生生活管理与学生的培养目标密切相关，是培养学生全面成才的重要途径、手段和保证，是学生思想政治工作的重要补充。通过对学生生活的有效管理，有利于培养学生的独立自主精神和良好的生活习惯，增强学生自我管理的意识和能力；有利于形成优良校风和民主管理、民主办学的工作作风；有利于激发大学生的主人翁精神，保证高校人才培养工作的顺利进行。

实现高校学生生活的有效管理，关键之处在于从思想上高度重视学生生活，把学生生活内容的丰富和质量的提高纳入高校的总体发展规划之中，综合平衡，统筹兼顾。在具体的实际工作中，高校学生生活管理需要遵循以下两条基本原则：

1. 服务性管理原则

高校学生生活管理要以学生为本，从学生群体的需要出发，为学生成才服务，为学生提供丰富多彩的高质量物质生活和精神文化生活，把为学生创造良好的学习生活环境作为学生生活管理的出发点和归宿。为此，要确立正确的思想观念，管理即服务，管理即指导，而不是偏重采取控制这一消极的管理手段。

2. 学生自治性原则

高校学生生活管理工作，要尊重学生的独立人格，发挥学生中党委、团委、学生会等组织的作用，由学生参与学生群体生活管理，使学生真正成为学生群体生活管理的主人。发挥学生自治能量，是做好学生生活管理的重要支柱。在贯彻这条原则时，应该做到充分相信学生、依靠学生，保证和给予学生合理的、合法的参与学校管理的权力，真正保护好学生的切身利益，放手发动学生，为做好学生生活献计献策。

（二）高校学生宿舍与食堂管理

学生宿舍是学生休息、生活的场所，也是学习的场所。学生在宿舍里相互交谈，信息量大，内容丰富，相互影响。因此，学生宿舍的管理对学生身心发展、思想情操的陶冶、学业的进步等起着十分重要的作用，应予以足够的重视。

高校要设置专门机构如宿舍管理科（室）、学生公寓管理中心，安排专人统一管理全校学生宿舍的设施、物品、安全保卫、清扫卫生和环境美化等，领导和监督宿舍管理员（传达员）和清扫员的工作。随着高校后勤工作的社会化，对高校学生宿舍的管理可采取物业管理和勤工俭学相结合，专职人员和学生相结合共同管理。组织学生参与学生宿舍、学生公寓的管理，既锻炼了学生的自我管理能力和劳动意识，又为部分学生尤其是贫困生解决了学习的后顾之忧，促进了学生学习质量的提高。

学生宿舍管理的中心内容是卫生和纪律秩序，具体包括宿舍的卫生整洁情况、遵守校纪情况、团结友爱情况、学习风气情况等。这些既是高校"文明学生宿舍"的重要衡量标准，也是学生宿舍管理工作持续的根本目标。

学生食堂是学生集中进餐的场所，对学生食堂的管理是高校学生生活管理的首要内容。组织学生参与伙食的民主管理，是办好学生食堂的重要措施和有效手段。设立学生伙食管理委员会并吸收学生参与其中，是对学生伙食实行民主管理的有效形式和途径。没有学生的参与，学生食堂管理的效益、饮食的质量、服务的水平都难以达到为学生服务的最佳状态。

（三）高校学生课外活动的管理

1. 高校学生课外活动管理的作用

学生课外活动主要是正常课堂教学以外的其他活动，包括第二课堂、文体娱乐、社会实践、勤工助学等个体与群体活动。学生课外活动是学生生活的重要组成部分，它融增长知识、培养能力和文娱特长、锻炼身体、思想建设等为一体，是培养德智体美劳全面发展的人才所不可缺少的重要环节。

组织好学生的课外活动，可以起到的作用包括：一是可以更好地发挥学生的主体作用，培养学生的自主性和自学能力；同时，根据学生个性特点和个性差异，充分地做到因材施教，使更多有才能和特长的学生脱颖而出，茁壮成长。二是可以拓宽、扩展、改善学生的知识结构，使学生通过多种活动形式获取最新信息和科技成就。三是可以在活动的组织过程中锻炼学生的组织才能和实际操作能力。四是可以陶冶学生的情操，提高学生的审美情趣，通过一些劳动增强学生的劳动观念、群体意识和集体主义观念，通过与社会的接触，增强学生的社会责任感，不断提高学生的道德水准。

2. 高校学生课外活动管理的内容

（1）学生课外活动的行政管理

高校学生课外活动的行政管理的主要任务是为学生课外活动提供优质服务，进行业务指导和宏观调控、协调关系。具体来说，就是开辟活动场所，如文化活动中心、体育运动场馆等，提供勤工助学岗位，这些是学生开展课外活动的基础条件；加强课外活动中对学生成才的指导，引导学生开展丰富健康、有益身心的群体活动；对课外活动的时间、场所、内容、经费等严格把关，宏观调控；协调学校各部门在学生课外活动中的关系，把学生课外活动纳入学校工作计划之中，使学生课外活动落到实处。

（2）学生群众团体、社会团体的自我管理

学生群众团体、社团组织的自我管理是学生课外活动管理的重要内容。发挥学生群团、社团组织的自我管理功用，是做好学生群体活动的基础。学生群团组织是共青团系统、学生会系统。社团组织有以结合专业学习为主的或以扩大知识面、满足个人兴趣爱好并培养特长为主的各种协会、学社，如学生发明协会、学生文学社、学生旅游学会、学生模拟法庭等。随着社会对专门人才的要求越来越高，参加各种形式的群团、社团组织日益成为当代大学生课外活动的重要内容。

实现高校学生群团、社团组织的自我管理，必须做到：首先，加强校园文化建设，将课堂内外的活动有机结合起来，将教书育人、服务育人、管理育人统一起来，使学生群体组织持久、持续的长远规划。尤其是课外活动的时间要充分考虑教学的特点，尽量避开学生学习的紧张时期，开展学生喜闻乐见的活动。其次，加强学生群体组织骨干的选拔、培养工作，使学生群体组织的活动在德才兼备的骨干成员的管理下有声有色，富有成效，并沿着正确的方向不断发展壮大。最后，寓教于乐，寓教育于活动中，使组织者和参加者都在活动中受到潜移默化的教育，充分实现和发挥学生社团等组织的功用。

第二节　高校学生管理工作的信息化构建

在高校教育中，由于我国大力发展教育事业，学生数量不断增多，日常管理工作日益复杂，带来了较强的劳动强度。因此，在高校学生管理工作中采用信息化模式，是顺应时代发展的必然需求。

一、高校学生管理工作信息化及其影响

（一）高校学生管理信息化的认知

在已有的学生管理基础上，其支撑是用交互化的学生工作信息网络，信息化应用服务体系是经过全面开放的，实行改革的是位于管理模式与应用模式层面上的学生管理工作的传统体系，从而让学生管理工作方便高效，这就是高校学生管理工作信息化。

1. 高校学生管理信息化的目标

高校学生管理信息化的目标是推动学生的信息素养及综合素质的全面提高，创建和信息社会与知识经济相吻合的新型教育形态，同时提升学生的综合素质，继而让教育冲破传统的时空束缚，打破高校的围墙，跨越国界和区域的樊篱，从而为建设全球化终身教育体系奠定基础。为高校人才服务是高校信息化的最终目标。

2. 高校学生管理信息化的性质

先进的计算机技术和网络技术的使用，让高校信息资源数字化、管理科学化以及校园网络化，即高校信息化的实质。然而其中信息化的基础、信息化的保障以及信息化的中心分别是校园网络化、管理科学化、信息资源数字化。高校信息化是一个动态的发展过程，同时也是不停变革与优化的过程，是关于传统教育观点、组织结构、业务流程、教育模式和管理体制等，有益于提高教学、科研服务和管理等活动的质量及功效。

高校信息化具备系统属性,并且其自身也具有体系结构,这是对静态的组织结构形态而言。另外整体是一个组织、观点、事物、工具以及管理信息化等有机融合,这是对展现形式而言。此外对体系结构而言,完整的体系是由技术和安全保障体系、组织管理体系、信息化规范和标准体系、信息化应用和服务体系、信息资源和数据库体系以及网络平台体系等组成的。

3.高校学生管理信息化的要素

信息化资源和信息化人才、信息网络和信息技术使用、信息化政策法规以及信息化产业等六大因素包含在高校学生信息化管理中,成为一个管理领域的信息化,是一个有机整体,形成高校学生管理信息化体系。这中间为根基的是信息网络,中心是信息资源,目的是信息技术和信息资源的使用,同时保证高校学生信息化管理实践的是信息化政策法规。

(1)高校学生管理信息化建设的主要内容,完成学生管理信息化的先决条件及物质基础,就是信息网络。在当前关于"数字化校园"建设构想中有许多高校提议了,为此也付出了行动,因此,校园网络建设获得迅速发展,能够无缝连接的是和中国教育管理网络。此时关于学生网络实验室和计算机中心的建设力度增大,还有学生公寓局域网的建设增强,高校给学生上网提供了多种多样的方便条件,从而给高校学生管理信息化奠基了坚固的根基。

(2)在高校学生管理及各种信息资源的管理过程中使用学生管理信息资源,它成功与否的重点在于高校学生信息化管理上。因此,划分学生管理软件资源是高校学生管理信息的中心,以及学生信息资源是学生管理信息系统中根本数据的中心。多媒体信息资源是多媒体素材的根基,还有各种工具资源及网络资源是学生管理信息资源的使用、生成、解决、分析和决策的基础。被管理者、管理资源、管理内容和所支撑服务体制的各类数据库资源等的设立,是现代学生管理信息资源。

(3)高校学生信息化管理建设的重要目的及根本出发点都是信息技术在高校学生管理当中的运用。高校学生信息化管理建设的主体就是信息技术的运用,这是具备信息资源与信息网络以后。由此可知信息技术的使用环节是学生信息化管理收益的重要展现,关键要做好:一是确定信息技术于学生管理方面运用的目标,同时信息技术管理应用的成效与品质有着直接联系,要做好思想理论和方式紧密有关的建设;二是信息化学生管理模式是设立本地学生管理信息化环境教育管理内容以及与教育管理对象相适应;三是管理者和受管理者应用信息技术的基本技能与兴致务必要提升;四是当前学生信息技术管理应用的重要任务是与信息技术和高校学生管理综合的观念探究及实践于不同层次中展开。

(4)先行的是人才对高校学生信息化管理而言。因此,要求将掌控信息技术基本知识,同时拥有先进的学生管理观念和信息技术应用能力的学生信息化管理人才完成高校学生信息化管理。信息化管理人才具有两种含义:一是在高校当中从事各种学生管理、服务和教育的各类人员有信息技术能力、素质与技术,还需要有基本的分析、取得及信息加工的能力,这是通识型学生信息化管理人才;二是从事学生信息化管理物态化技术与智能形态技术的研讨及开发,对于专业人才的运用及保护,要求更细的分工。可能是网络工程师与高级软件人才等,这都是专业型高等教育学生信息化管理人才。

(5)关于信息的搜集、存储、沟通及使用的手段与方法的体制就是信息技术。各种信息媒体,就像印刷媒体、计算机网络以及电子媒体等,就是一种物化形态的技术,是手段。另外使用各种信息媒体关于各种信息实行的方法是搜集、存储沟通及使用,就是一种智能形态的技术,就是方法。信息媒体与信息媒体使用方法两个因素构成的就是信息技术,而信息的数字化与信息传播的网络化就是中心。信息技术不仅是高校学生信息化管理的技术支撑,还是学生信息化管理的启动力。既能够丰富高校学生管理信息化的研究内容,同时能让新的以及愈加有效的物态技术与智能形态的技术运用到信息化学生管理当中,从而提升学生信息化管理的水平与成效。

信息技术服务业与信息技术设备制造业即信息技术产业。之所以在中国高校学生信息管理历程中,必须不同的社会部门分工合作来达成信息技术产业的发展,鼓励学生管理科研院所、部门及有关企业等非常强的互补性的部门一同参加,这样可以让学生管理信息技术产品的开发,把学校解放出来,将精力汇集与发挥资源优势。

(6)学生信息化管理工作能够顺利实行,务必制定学生管理信息资源开发、学生管理信息技术使用、学生管理信息产业以及学生管理信息网络建设等各个方面的政策法规,这不仅是高校学生管理信息化工作的蓝图与根据,还是学生信息化管理发展的有力保证及主要条件。

(二)信息技术对高校学生管理的影响

1. 物联网方面

(1)物联网的认知。物联网是新一代信息技术的重要结构之一。物联网的定义是利用射频识别(RFID)、全球定位系统、红外感应器、激光扫描器等具有信息传感的设备,按照需求进行工作,连接实际物质和虚拟互联网,并开展信息的交互,通过这种方式来对现实物质进行跟踪、识别、定位和管理的一种虚拟网络技术。物联网的作用是在人、物质、虚拟网络之间建立连接,并进行识别、监管和控制操作。物联网是信息产业第三次变革的产物,是继计算机、移动通信、互联网之后的又一信息时代的焦点。它的发展体现了人类社会的发展、经济的繁荣、科技的进步。

物联网具有广泛的应用,涉及交通、环保、公共安全、智能家居、消防工作、工业监督等多个领域,它是涉及多学科和多领域的综合信息管理系统,是侦察和识别技术、数据处理技术、信息安全保障技术、网络通信技术等的融合体。

①"传感技术"的广泛应用。物联网需要用到很多不同种类的传感器设备。传感器是用来感知和测试物质信息的,接收到信息之后会按照程序设定对其进行处理,并以人类可

识别的形式进行信息输出，能够实现信息的传递、展示、存储、处理等步骤。传感器具有独立性，每个都有各自的信息源，根据需求不同，传感器获取的信息的内容、格式等也不尽相同。传感器的工作原理是按照设定好的程序以标准的频率、周期等获取信息，并及时更新数据。

②以互联网为基础又区别于互联网。物联网的基础和技术核心以及技术基础都是互联网。物联网是通过网络连接与互联网进行对接的，传感器获取到的信息通过及时、准确的途径传递给互联网。物联网的传输规则要符合互联网的相关协议和规则。物联网不是互联网的延展物，因为它不仅可以将互联网向物质进行延伸，还能够根据现实的需求进行网络布局。例如，如果要打造一个智能化、安全性强的物联网小区，我们不需要将小区的所有东西都连接到互联网上，只需要连接小区的局域网，就可以实现物联网小区。

③智能处理能力。除了利用传感器进行信息获取外，物联网还要对获得的信息进行智能处理，对涉及的人和物质进行智能控制和监督。物联网技术集合了传感器技术、智能处理技术和信息技术三个部分。物联网技术的操作模式是根据需求利用传感器获取信息，利用智能处理技术对信息进行处理并反馈给用户的一个过程。在这个过程中它实现了现实物质的监督和管理工作。物联网在社会的各个领域都有很强的应用。

（2）物联网在高校的应用。中国高校已经开始物联网的研究，并取得一定的成果。高校已经开设物联网专业和课程、构建物联网实验室、物联网职能图书馆等，还利用物联网技术来管理学生、管理校园等，换言之，在高校中随处可见物联网的应用。

①物联网在教学中的应用。教育信息化建设是高校信息化建设的重中之重，"物联网"已经成为本科教育的热点专业。高校对物联网的教学主要从以下内容开展：物联网理论知识、物联网工作原理和核心技能、物联网的发展、物联网的相关应用等。

目前，高校已经成立物联网研究学院，并开设专业，物联网可以提高教学的质量。传统教育中，教师和学生的沟通很少，导致对学生的学习情况了解甚少，成为影响教学质量的一个重大问题。随着物联网的发展，教师可以通过传感器来获取学生的学习状态、心理变化等，并根据反馈的信息对教学进行调整，加强和学生的沟通和讨论，以此来提高教师的整体教学质量。

学生对于物联网理论知识的学习和相关应用学习存在很多的障碍，为更加直观地进行教学，有些高校成立了物联网仿真教学实验室。学生在实验室中可以很形象地学会物联网的理论知识、核心技术应用等。并通过自身的学习分析相关案例，进一步巩固和加强学习要点，增加对现实应用情况的学习。这种方式能够激发学生的学习兴趣，并引导学生将理论知识和现实应用进行有机结合。

②高校智能物联网图书馆的建设。RFID技术是现阶段物联网的一项重要技术，已经在很多方面进行了普及和应用。物联网是通过RFID技术来实现物质和物质之间的信息传

递和交换步骤的，网络帮助实现了从物品信息获取、识别和交换的功能。有些高校利用RFID技术建设了高校智能物联网图书馆。

随着时代不断发展和更新，高校规模越来越大，图书馆的馆藏需求也越来越多，传统的图书馆管理系统已经不能满足现代的图书馆现状。高校智能物联网图书馆的建立是通过RFID技术设立图书标签，并将其贴在信息录入库中，工作人员能够很快实现图书的管理功能。学校的教师和学生也能够通过智能系统对图书进行查找，很快找到图书位置，并进行借阅、归还等操作。高校在RFID技术的支持下，完善了图书馆的管理系统，取得了重大成效，不但提高了工作人员的工作效率，还简化了学校教师、学生借阅、归还的流程和手续。物联网的发展丰富了高校图书馆的馆藏，为高校学生提供了良好的信息环境保障。

③物联网在高校管理中的应用。目前，主要是应用在高校学生管理工作、后勤保障工作、安全环境工作等。

第一，学生管理工作。高校的主要责任是管理好学生，物联网传感技术、RFID技术为学生管理提供了新的技术。在新生入学时，学生的"一卡通"中就植入RFID标签，学校可以实时监测学生的动向，一旦学生触及危险区域，系统会发出警报并将信息反馈给学校相关安保部门，可以减少高校学生的事故发生率，保障学生的生命安全。同时，监测系统还可用来对课堂进行检测、反馈，运用到学校公寓管理和日常教学管理工作中。

第二，后勤保障工作。学校的第二大任务就是做好学生的后勤保障，物联网的应用实现了教室环境的实时监测功能。教室中装载的传感器会对教师的光照条件、温度、湿度等进行检测和评估，并根据相关的参数设置调整光线、调控温度等。在日常生活设备中也可将物联网运用其中，针对白炽灯、电梯设备、水电设备等进行实时监测和控制，在感应到周围无人时，系统会自动将其关闭，感受到要开启时自动开启。这样既保护了设备也节约了能源和经费。

第三，安全环境工作。高校规模的扩大必然导致校区面积的扩大和学生数量的增长，高校的隐患和事故发生率也逐年上升。构建平安校园要保障校园范围内的实时监测设备、报警设备等的正常运转，在防御状态下，如果有不正常的行为，即可报警并通知有关部门进行处理。

物联网在高校门禁系统的应用也有很大作用，它不但保障了设备和人员的安全性，还能够自动对危险状况做出反应采取应对措施，能够保障学校的公共财产不易丢失。

（3）物联网对高校学生管理的影响

①加强了教师和学生之间的交流和互动，增加教师对学生的学习态度和心理变化的了解，提高了教学质量。

②智能物联网图书馆，不但提高了工作人员的工作效率，还丰富了高校图书馆的馆藏，对丰富学生知识、提高教学质量有很大的帮助。

③学生日常教学和生活管理工作变得更加便捷。在高校设备防丢失方面也有很大的作用，还为学校节省了管理经费，保障高校的安全性。

目前，在高校方面，虽然设立了相关的物联网专业和课程，但是师资力量的匹配度、教学的应用上都有待提高。物联网的应用本身还有很多不完善的地方，例如，它依赖于现有信息技术、互联网技术和云计算的运用，这三者还处于发展的阶段，还在不断完善和进步当中，可参考的成功案例也有限。还有物联网技术的接口问题也有待改进，物联网的安全性问题也是要重点考虑的，特别是在高校信息化建设进程中。

2. 云计算方面

（1）云计算的认知。云计算是在互联网的基础上发展起来的相关服务的增长、用途和交付形式。云是指代网络和互联网。以前的图片中经常用云来代表电信网络，也将它作为互联网和网络基础设施的抽象代表。广义的云计算是云服务的交付和使用的形式，指利用网络渠道来获取服务并进行扩展的一种方式；狭义的云计算是计算机基础设备的交付和使用的形式，指利用网络渠道来获取需求资源并进行扩展的一种方式。所谓的服务包括了计算机软件和硬件、互联网和其他相关的服务事项，这表明云计算也可以作为一种价值商品在网络上进行交易。

将计算的算法分别安排在不同的电脑上，不使用本地电脑或者远程服务器进行承载，这种方式更加接近互联网的数据运行机制。企业可以将自己的独家资源合理运用在需要的软件上，根据公司需求和战略来访问电脑程序和存储系统。

云计算是基于分布式计算处理和并行处理、网络存储、网格计算、网络虚拟发展起来的，是通过互联网渠道为客户提供安全、便捷的数据和IT服务的一种模式，属于新型计算机基础设施交付和使用形式，是用户利用网络渠道来获取需求资源并进行扩展的一种方式，包括硬件资源、软件设备和系统程序等。

云计算是新型的信息技术应用，它通过集合网络、信息、存储、服务器等设备，并通过云信息处理成虚拟服务，采用"租用"的形式为客户提供服务。云计算能节约高校信息化建设的成本。云计算概念发展至今已成为热门的信息技术服务，"云端"的便捷性和实用性已经被证实，并且具有很多未开发的功能和潜力。

"云端"应用在高校信息化建设中具有重要作用。高校要思考如何在信息化建设中最大化利用云技术。"云端"应用已成为高校信息化技术必不可少的部分，有很多国内外校企云端合作的情况都证实了这一观点。

①云服务。高校利用云计算技术可以组建自己本校的专属云。它包括学校教育资源、相关软、硬件设施等的集合，是高校数据应用的平台。面对需要高配置硬件的软件，高校的学生和教师用户在硬件上比以前好用得多，软件对硬件的需求已经通过高校数据平台来实现。通过这种形式，高校在硬件、服务器等的资金投入就会减少，在不久的将来，相信

云计算就会淘汰单机版的软件。通过云计算服务，高校可以使用很多免费的正版软件，举个例子，学校教师和学生可以通过网络渠道申请Office办公软件的使用，只要管理员进行批准。

②云存储。云存储是利用主机层的存储来进行管理工作，构建虚拟管理层，并通过不同类型和相同类型的存储结构构建镜像存储库，打破存储的限制。高校的专属云平台可以实现教师、学生、管理人员的资源上传功能。只要是在高校的系统内部的用户都可以上传和下载相关的资源和信息，不受硬件设备的限制。云计算构建的网络环境中，云存储可以用来存储学校和个人的相关信息，资料的安全性和保密性都能得到保障，随时可以利用网络（WEB）进行查看和下载。云存储的服务器类似于FTP空间存储概念，但是又有所区别。FTP是通过一台计算机来完成的，而云存储是多台计算机共同完成的。云储存还具有备份功能，能够解决因计算机发生问题导致文件丢失的问题。

③云安全。云计算的数据存储是具有极高安全性的。信息库的更新、管理、防病毒功能都能得到保障。针对以前出现的系统恢复、崩溃等造成的数据丢失情况，云储存不会出现，因为它是通过大量的备份数据和多台计算机组合协同工作的。

（2）云计算对高校学生管理的影响。云计算已经在许多高校开始应用，云计算的强大功能带给高校信息化全新的革命。

①节约高校信息化建设资金投入。现阶段，高校信息化建设主要在硬件设备、网络设备两个方面进行采买，设备的升级、维护等也需要投入大量的财力。云计算引进高校后，改善了这种状况，学校只需采购配置较低的设备就可以实现全网的运行，硬件的升级和更新换代问题得到了解决，节约了更多的资金。

对高校资源进行整合并组建统一平台是现阶段的任务。想要实现高校信息资源共享，就要先规划信息化建设标准。云计算能同时实现信息化建设、标准统一、软硬件设备更新和维护功能的供应，能够规整过去杂乱无序的数据，建立能够脱离操作系统、开发和运用环境、服务器配置、软件版本等限制的信息化平台，能够提高资源的共享能力和运用功能，优化资源配置，提高效率。

②提升了教育信息化质量，提高了办公、管理效率。还没有云计算的时候，教学信息化主要由教职员工来完成，他们要不断提升自身信息化知识，强化信息技术能力，才能够保障信息化教学的提升，实现高效处理办公和管理。云计算解决了高校教师对于资源短缺的难题，为教师和学生提供了大量的信息和资源。教师通过web登录平台即可实现在线学习、管理和办公功能。学生可通过互联网和教师探讨相关问题，提高了教学质量。云计算的发展也促成了无纸化办公，通过云端来进行快速办公、管理工作，极大地提高了效率。

③提升了信息、资源安全。信息安全一直是备受重视的一部分，信息安全问题扰乱了信息安全系统的运转，单机服务器的不稳定也引起了很多问题。云计算的高效、安全为高

校提供了存储的平台，并确保信息的安全性和保密性，能够预防数据丢失和病毒感染。针对系统问题和病毒导致的数据丢失情况不再出现。

云计算虽然凭借自身的强大功能和优势给高校信息化建设带来了新的概念和便利，但是现阶段，掌握这门技术的人员相对紧缺，高校技术人员对技术应用不够熟练等都是要解决的问题。云计算在高校应用中还处于初期尝试阶段。

（三）学生管理信息化对现行管理模式的影响

高校学生管理信息技术应用制度仍须完善。虽然目前学生管理信息化还处于实践摸索阶段，发展历程较短，部分人员甚至不能很好地对其理解，但是任何一项工作如果没有制度的保障其发展都会遭到阻碍。信息技术的应用本应是提高工作效率，但由于制度上面的缺陷造成的管理人员在信息技术应用方面良莠不齐，管理人员的工作流程和程序各不相同的现象很容易导致学生管理工作不够完善，也不利于学生管理的正常发展。

在高校开展学生管理信息化的过程中很容易出现多头管理等问题，再加上各个职能部门的目标不一样，职能部门在信息化建设中自立门户各自为政的现象也十分常见，这些问题都使教育信息化的基础设施不能发挥应有的积极作用，造成了设备重复购买，信息资源重复建设和利用率低，信息化标准和交换标准建设进展缓慢，资源的整合与共享难度大等诸多问题。

学生管理信息化缺乏部门间联动性，缺少有力的牵头部门，高校学生管理信息化应是全校范围的系统化信息建设项目，并非只局限于学生处或教务处等单一的职能部门，它的存在也并不只是简单的信息录入与存储，更重要的应该是实现信息资源优化和共享。

二、高校学生管理工作信息化的机遇与挑战

（一）高校学生管理信息化的机遇

随着现代网络技术的飞速发展，传统的学生管理模式已经很难适应学生管理工作需要，如何基于网络建立学生工作信息化管理平台，为管理者提高工作效率，为学生的素质教育和个性发展创造优良的成长环境，有很多问题值得探索。随着时代的飞速发展，学生的思想观念日益复杂，高校学生工作面临着新的形势和要求，采用传统的学生工作管理模式和手段，已很难适应发展形势的需要，因此，加快学生工作信息化建设已经逐步成为各高校的共识。

学生工作的主要任务是处理整个管理服务过程中产生的大量基础信息。在传统的学生工作中，依靠原始方法人工完成这些信息的搜集、统计、传递，重复劳动多，效率低，时效性差，而借助计算机、网络等现代信息技术为基础的学生管理信息系统正好能克服传统方式下存在的不足。利用学生管理信息系统，对各类学生管理信息进行自动处理，把结果置于网络上，全校师生就可根据自己的权限进行查询和处理各种信息。这样可以提高学生

管理的工作效率，显著地改善学生管理水平。

当今信息时代的到来，对于学校环境也造成了很大的冲击，直接影响着当代大学生的思想观念和行为习惯。高校学生日常管理工作也应该偏重社会发展角度，从高校学生管理工作实际中寻找适合大学生不断成长的有利因素和不利因素。随着我国市场经济体制不断完善和发展，一些学生的思维模式和意识受到环境影响、生活方式、社会经济利益及岗位等多方面因素综合影响的同时，自身也发生着变化，如没有坚定正确的信念和远大的理想，缺乏社会责任意识，对于现实社会适应能力很弱，这些问题的存在无疑对高校学生管理工作产生了不可估量的重要影响。高校学生管理信息化的机遇包括以下内容（图3-2）：

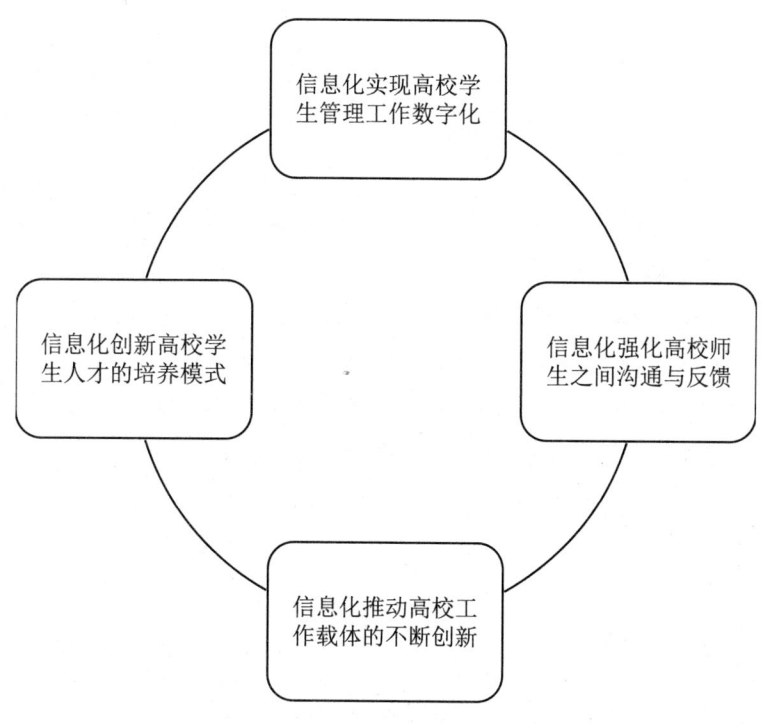

图 3-2 高校学生管理信息化的机遇

1. 信息化实现高校学生管理工作数字化

社会信息化，是以互联网技术为代表的信息技术发展的一个必然结果。我们已经步入了信息化时代，社会信息化对于高校学生教育工作的影响是深远的。信息化让学生管理工作转向数字化。在以前，高校在统计学生基本信息时往往采用一个学生一张信息登记表的形式，以便于辅导员或其他教师了解学生的基本情况，而现在，学生的信息统计基本上都已经采取了数字化的存储方式，当需要查找学生信息时则可以针对数字信息便捷查找。同样，在高校数字化校园建设中，由于要求每个新建设的系统都要与中心数据交换平台相兼容，要符合数字化校园的标准，因此，往往新系统的业务数据都会被提交到中心数据库中。这样做方便实现学校数据管理的标准化、集成化、权威化，并确保数据的完整性、有序性、一致性和共享性，为业务系统和最终用户提供了便捷、高效、安全的数据存储，让访问服务实现了对数据有序组织和集中管理，同时也推动和促进了职能部门的业务规范化和学生管理工作的科学化。

实行高校学生管理信息化，可以使学生管理工作的内容与管理流程更加的科学化、制度化、规范化，它可以避免繁重的人力劳动，将原来大量的重复工作简化，避免人为的不合理因素，节约了人力，降低了工作量，并且还避免了一些工作中的失误和错误，提高了工作效率，拓展了学生管理人员的工作延伸空间。例如，浙江工业大学的学生综合管理平台，学生基本信息已经采用了数字化的存储方式，在系统中集成了学生常用的日常事务、统一认证、心理健康等功能，给学生的日常学习和生活提供了便利，让学生工作趋于科学高效化。

信息化在高校的迅速普及方便了学生的学习生活，也提高了学校管理部门的工作效率。学校在实现校园管理的同时，更加注重便捷的服务。所谓数字化是应用现代信息技术，将文本、声音、图像、动画等物理信息以一定数字格式录入、存储及传播，简单而言，就是信息处理的计算机化。数字化校园就是要在校园内建设一个以校园网为媒介，以信息化管理为重点，以信息化服务为支撑的便捷的校园管理系统。同时，校园主干网络的建设覆盖整个学校，连接包括图书馆、食堂等自助终端设备，实现校园网和区域主干网的对接，实现教师教学、学生事务管理、教师教育研究的信息一体化，随时随地为校园里的教师和学生提供便捷的信息服务。建设数字化校园就是建设一个理论和实践相结合，信息技术过硬、应用广泛的信息系统，实现信息服务数字化、智能化，信息管理自动化。实现学生事务信息化管理就是要借助于智能化的电脑系统，将学校行政管理、学生事务服务等不同的系统对接，那么各个部门之间的数据库就能实现共享，有效地缓解了各个部门、各个院系各行其是的现象。这些信息通过网络转化为数字形式，比起传统的上传下达的工作模式而言，加快了信息的传播速度和辐射范围，提高了工作效率，促进了数字化校园的建设。

2. 信息化强化高校师生之间沟通与反馈

高校大学生作为具有较高文化层次的特殊群体，在网络时代无疑也是受影响较大的重要团体。如此庞大的参与群体给高校学生管理工作的开展提供了便利，也为进一步加强与学生沟通与反馈提供了便利。另外，信息技术的发展和普及使得低沟通成本的信息化手段迅速深入到高校学生管理的各项工作当中，高效便捷的信息技术在被很多学生所追捧使用的同时，也在较大程度上提升了高校学生管理者与学生的沟通效率。

目前，高校学生管理工作中使用的信息化手段很多，很多同学经常使用微信、腾讯QQ等其他信息化媒体。同样，很多高校的学生工作人员也看重了信息化手段能顺应目前信息时代主题，能够突破时间和空间的限制，在一定程度上迎合了目前大学生群体的沟通习惯，并且可以实现对学生一对一的沟通，呈现出了方便、快捷、高效的特点，在学生工作中予以了大量的应用。特别是高校辅导员，很多辅导员喜欢在日常管理工作中，使用腾讯QQ群、短信群发等方式加强跟学生之间的交流与沟通，信息化的手段给高校辅导员开展学生管理工作带来了很大的便捷。

微博、微信等网络新媒体所具有互动性、移动化、个性化、主动性等传统媒体所无法比拟的优势让它成为一种全新的传播技术，也越来越受人们喜爱。特别是目前在校的大学生钟爱微博、微信这些新媒体，如果能够利用新媒体来突破大学生教育工作局限，使人与人之间交流与沟通得以增强，那么针对大学生教育的实效性定能有所提高。同时，由于网络等新媒体具有信息量大、共享便捷、传递快速的优势，在高校开展学生管理工作中如果可以利用新媒体及时传播时事资料、先进思想、先进案例等信息，学生管理工作者就可以将这些信息制作成自己喜欢的资料，使教育工作内容更加丰富化、灵活化，这既能使大学生得以开阔视野、提升境界，还能使教育工作多样化，为大学生管理工作的创新提供了难得的机遇。

3. 信息化推动高校工作载体的不断创新

学生管理工作信息化是高校工作的现代化和高效化的助推器。作为高校发展目标的学生工作信息化管理它既是信息社会的一种表现也是社会信息化的一个具体目标，管理信息化和学生人本主义教育协调发展相结合的学生信息化管理，有力推动了高校学生管理工作的现代化和高效化。学校信息化的确给目前的学生工作带来了很大的便利，让学生工作更加高效，如在使用学生管理信息系统查学生信息变得更加方便，以前需要从很多资料中翻找学生的家庭电话和家庭地址，现在只需在系统中输入查找信息即可完成信息查找了。

传统的高校校园载体主要借助于交谈、书信、电话、报纸、广播、电视等来完成。但是这些载体已经不能适应信息化时代的要求，在信息化时代，互联网已经成为主要载体，教育载体应与时俱进，与信息化协调一致已成为一种趋势。网络的虚拟性使学生在网上建立虚拟共同体、虚拟社区等。腾讯QQ、微信、短信、微博、网络心理咨询等越来越成为一种大众交流的方式。将短信、微博等新形式纳入教育载体的范畴，是当前信息技术迅速发展的要求，也符合教育载体与时俱进、多元化、宽领域的要求。这些新载体的出现是对传统教育载体的补充和发展。

（1）建立内容丰富、功能完善的学生管理工作网站。信息化管理工作的基础是建立一个功能完善的网站，尽管网站是一种虚拟形式的媒介体系，但内容全面和设计合理是高校学生管理工作中最常使用到的工具，对实现信息的查询和浏览起到非常大的作用。

网站的数字化、信息化是学生管理工作在互联网上的景象，是学生管理工作的集中展现，反映了学校网络宣传和网络竞争的情景。学生管理系统网站在建立过程中需要满足几项基本要求，保持与学生管理工作的密切关系和教育主题的确定。在内容上突出实用性和思想性，为实现高校的学生信息化管理而奉献。学生网络化管理平台是学生信息管理的基础，在校园网站上以发布公告、通知、成绩以及最新政策的形式，向学生和教育工作者提供便捷的信息服务，方便大家随时掌握学校的最新信息，因为互联网络不受时间和地区控制，为学生和教师随时了解动态信息提供了很好的平台。学生也可以将自己对于一些事件的看法和意见通过公众平台发到互联网上面，揭露学生遇到的各种疑难问题，在网站上找到相对应的咨询窗口进行专业化的咨询有利于缓解学生的学习压力和避免突发事故的发生。

（2）开发系统化高校学生管理系统。高校信息管理系统是运用计算机来取代传统的学生管理工作的一种高科技软件，其具有非常强大的储存、记忆和检索能力，是学生管理工作必须应用的一种系统。因为信息的透明和公正化，以及简单的操作和快捷的方式而受到广大师生的好评，在工作效率上节约了大量的时间，提高了管理工作的效率。通过对系统的不断完善，使其尽量科学化、系统化以满足广大师生的基本要求。

①组织管理。高校的学生组织中主要由党支部、团委、学生会、青年志愿者协会以及各种社团活动组成。在高校学生管理中发挥着重要的作用，尤其是各级干部和学生是整个学生管理工作中最为重要的力量，在教师和学生之间起着一定的纽带作用。

学生管理工作中需要对学生干部进行仔细的挑选，关系到整个学生工作的进展，发挥好学生干部的作用，使学生工作能有序进行。通过干部科学化、系统化使学生管理工作顺利的实施和开展。将活动中各种工作资料进行科学化的整理和录入，以便后期的查询和借鉴。做好各项资料的管理工作，为后期的各种活动和干部培训做充分的准备。

②综合测评工作。测评是对高校学生最重要的考核办法，能够实现对学生综合评价和各方面的衡量，在实际的工作中需要耗费太多的精力而无法做出精准的判断和测评认证。造成高校的测评工作受到学生的强烈不满，从而引发了一系列的学生矛盾和纠纷，甚至出现极强的抵触情绪。面对这样的情况需要建立综合的、公正的测评机制，保证每个学生的权利和义务，信息化管理中运用计算机的特殊功能就能保障这项任务的要求，从而减少人为影响的盲目性。

③档案管理。在学生管理系统中最为常见的一种就是档案的建立，运用电子版的档案管理在学生信息管理中起着非常大的作用，能简单明了地反映学生的基本信息情况，同时保证了信息的准确性，减少了人工的误差。

（3）建立符合学生工作管理的网络平台。在学生管理工作的网站上建立一个符合学生管理工作的平台，通过对一些项目的设置和建立来对学生需要的各项事务工作进行汇总和设定，将学生管理工作更加深入到网络系统的运用中去，确保网络平台的合理利用。在这样快捷、高效的网络环境中感受信息化给予的高效工作。

①建立学生就业信息。各大高校不同程度的扩招，导致目前大学生就业问题的严峻，需要在学生信息管理网站上建立一个毕业生就业信息专栏，为即将毕业的学生提供最新的招聘信息，这项工作的开展是非常有必要的，是对高校生源的稳定做准备工作。

②心理咨询中心系统。心理问题一直是大学生普遍存在的问题，需要引起校方领导的足够重视，在学生管理工作中也必须将这项工作落实到实际中去，学生管理系统网站上对

心理咨询开设相应的板块，以心理健康教育为主题对困扰学生的问题进行阐释，尽可能地帮助心理出现问题的学生，同时，可以采取网上咨询的方式来对问题学生进行现场解答。

③学生社区交流系统。网络本是一个虚拟的世界，其存在形式是为学生提供网上交流的机会和平台，以各种文化为主题展开相应的讨论和学习，相互沟通，彼此互动，增进同学之间的感情，同时也丰富了学生的课余生活。

4. 信息化创新高校学生人才的培养模式

所谓人才培养模式是高校根据国家人才培养目标和质量标准，为大学生设计的知识、能力和素质结构以及怎样实现这种结构的方式。传统的高校人才培养模式强调模式化、专业化和统一化，普遍适用的还是家庭、学校、社会三位一体的育人模式。在这个模式中，家庭、学校、社会各自发挥自己的育人功能，力求每一环节都做到最好，但是三方面缺乏信息的沟通和共享，不能及时了解每个学生的不同需求，不能因材施教、量体裁衣，真正实现学生的全面发展。而在当前全国信息化的大趋势下，信息社会中人类智能化的创造力得到普遍运用，这对人才思考问题的方式、经济活动方式、社会实践产生了巨大的作用。高校培养人才必须与时俱进，符合社会不断变化的发展和需要，就必须不断提升职业素养和能力素养，熟练地掌握和应用计算机，可以根据相关专业知识对信息进行进一步分析，果断进行思维判断，科学实践，从而能够从容适应现代化的信息社会。

大学的人才培养必须投身于信息化的大潮中，从而让真正的高层次人才能够在激烈的市场竞争中脱颖而出，积极推进高校的信息化建设进程。现在高校信息化发展是处于依托校园网络，继续加强和完善的阶段。传统的像产品制造一样的机械式人才培养模式早已跟不上时代的潮流，必将被信息社会所淘汰。我们应当抓住高校信息化建设的时机促进人才培养模式的转变。同时，我们应该以人才培养模式的转变进一步带动高校信息化的发展。真正做到人才培养和信息化建设二者相得益彰，协同发展。

另外，网络时代的到来也极大冲击着大学生的思想观念，改变着大学生的行为方式。大学生会通过网络聊天工具进行交流，学校网站、微信、微博、腾讯QQ群等是学生经常使用的了解各类信息的主要途径，信息技术在极大地丰富大学生的生活，为其学习提供便利的同时，也增加了管理工作的复杂性和难度。

（二）高校学生管理信息化的挑战

1. 信息化思维对高校学生管理产生的影响

大学生的成长离不开社会发展的大环境，高校学生管理工作的研究同样应从社会发展的大环境入手。信息技术的普及一方面给高校学生管理工作提供了很大的便捷，但同时也给学生管理工作带来了难度，尤其是信息网络的虚拟化如果不对其加以制约和管理必将对大学生的身心健康产生严重的影响，最终导致大学生出现各种各样的社会和心理问题。

信息化时代信息传达和交流的不可控性使教育的过程更加复杂化。信息技术与网络所提供的信息资源共享和快捷便利的交流,同样也给高校学生管理带来了一定的影响,高校学生正处在世界观、人生观、价值观的形成时期,易受外来文化的影响。网络的虚拟性使人与人之间的关系呈现间接性的特点。学生长期面对多媒体画面的人机对话交流方式,容易失去现实感和有效的道德判断能力,从而影响正确三观的形成,这让高校学生管理工作的开展更加不易。

2. 管理人员素质对信息化管理模式影响

高校学生管理信息化是以人为本的信息化,其根本宗旨应该是为学生成长成才而服务的,同样也是为学生学习和生活提供便利,而在现实生活中,如果高校在开展信息化过程中缺乏对学生层面的关注,往往导致信息化项目的本末倒置,致使学生对信息化产品漠不关心。高校学生对信息化、数字化的态度在很大程度上决定了学生管理信息化的成败,同样,高校信息化、数字化校园建设对学生的信息化素养及素质层面提出了更高的要求,因此,目前,高校学生的信息化应用能力还不能满足高校信息化的预期设想,也同样不能发挥信息化产品应用的成效。

同样,随着信息技术的广泛应用,高校学生管理工作者信息化素养和高校学生管理信息化对工作人员要求之间的矛盾也日渐突出。一个高校的学生管理信息化能否顺利进行在很大程度上依赖学生管理工作者信息化能力的高低。从目前情况来看,高校信息化队伍建设存在两方面的问题:一方面,管理人员信息管理意识不够,管理工作效率偏低。学生工作管理人员的信息技术水平在学生管理工作信息化过程中的作用是非常明显的,毕竟不管软件和硬件如何先进,如果他们信息化能力很低,不懂得或不愿意利用现代信息技术,那么信息化建设也无法取得成效。另一方面,在计算机技术高速发展的今天,各高校虽然都配备了专业的技术人员,但是专业计算机技术人员要在相关应用领域全面跟踪计算机发展的最新技术是非常困难的,甚至是不可能的。在高校实际中,他们往往被安排的工作不是了解本单位的实际业务,而是学习新的计算机技术。但是,如果他们不了解多个职能部门的业务情况,也就不能掌握协同办公的理念,更不能协调信息技术与实际业务的关系,进而提出完善的学生管理信息系统的建设方案。

三、高校学生管理工作信息化建设思路与方法

社会经济的繁荣发展将信息化推向社会主流,信息化的建设又促进政治、经济和文化产业的发展,信息化带动了社会各个层面的改革和创新。高等教育是治国之本,高校学生的管理模式也在信息化浪潮中不断创新。信息化提高了学生学习和生活的质量,提高了高校管理部门的管理效率,它是数字校园的推动力,是高校教学、管理、学术研究等统一的标志。同时,它创新了高校人才培养模式,带动了高校人才培养的浪潮,符合社会发展需求,帮助毕业生在社会上有立足之地,促进经济的繁荣和发展。人才培养模式的创新必将促进高校信息化管理的发展。

随着信息时代和网络时代的发展，电子产品成为不同于纸质报纸、广播电台、电视媒体的新兴产物，笔记本电脑、平板电脑、智能手机已融入大学生活和学习之中。大学生对信息化时代敏感，是手机网民的主要构成部分，他们在利用新媒体、传播新媒体信息等方面都很在行，能够快速扩散信息、搜集大量信息，同时，还具有很强的独立性和开放性。这些都对高校大学生的世界观、人生观、价值观产生了很大影响。

随着科技的进步，乃至5G网络进一步普及，智能手机和无线网络持续发展的背景下，在调研中，高校在校生基本上都使用了智能手机，电脑终端在校园、公寓都能够方便地使用。新媒体促进了微信、微博、抖音、知乎等平台的广泛普及，成为公众交流信息、表达意见的自由论坛，成为社会交往的大舞台，创建了一种全新的信息传播环境。信息渠道的畅通，导致每时每刻发生的事情，都可能在第一时间传播于大学生之间，无处不在、无时不有的网络信息的存在，深刻地影响着大学生的思想与成长，也改变着传统教育管理的环境与方式。应对这一新的形势，需要从理论上研究信息化时代践行社会主义核心价值观的新要求，在实践上探索教育创新之策，更好地为教育管理创新服务，促进大学生在教育、管理、服务中得到更健康更全面的成长。

（一）高校学生管理工作信息化建设思路

1. 学生管理工作信息化建设的必要性

（1）推进高校学生管理创新是适应高等教育大众化发展的需要。近年来，中国高校教育发展迅速，在规模和在校生人数上都有很大增长，高校内部的结构和管理也进行了优化，对学生公寓、食堂、学分要求、班级概念等都进行了革新，这些新的变化和创新都加重了高校管理人员的挑战。高校管理人员要通过不断的学习、培训、创新才能够管理好新型的高校，能够符合时代的发展和学生的需求。

（2）推进高校学生管理创新是加强和改进学生工作的内在需要。学生管理主要是对学生思维、规章制度、学习活动等方面进行正确的引导和开展管理工作。学生的价值取向、生活方式等都受到社会和时代的影响，向生活多样化、思想开放化、经济变革性等发展。在这种开放的教育环境中，学生受到各种观念的影响，主观意识、民主意识等不断加强，造成学生更加凸显个性，实现自我。这种情况下，如果还是按照传统的方式来管理学生，只能适得其反。高校管理者要利用新时代的方式、按照学生的生活方式去接近和管理他们，才能够实现管理工作。要利用特殊的管理思维，在理念、方法、模式上进行创新，只有这样才能够充分发挥管理人员的作用，能够被学生接受。能够有效对学生开展管理工作。这不但是高校学生管理的基本需求，更是高等教育对教学质量提出的新要求。

（3）推进高校学生管理创新是培养创新人才的需要。随着科学技术的不断发展和进步，要想满足社会对人才的需求，必须加大对高校学生的培养力度，培养出综合素质足够高的专业化人才。要想实现这个人才培养目标，必须加大教育创新和制度改革，不仅要创新教育管理观念，还要创新人才培养模式。在高校教育当中，学生信息化管理工作比较重要，也是培育人的主要方式，学生管理创新不仅是培养创新人才的需要，也是高校教育创新的主要内容之一。

2. 学生管理工作信息化建设的创新思路

（1）树立高校人本教学观念。要加强情感教育，在日常的学习、生活中加强对学生的思想引导和情感沟通。首先，要以人为本，充分尊重学生；其次，教学过程中要注重情感交流，将情感融入教学中，达到教育的目的；再次，要充分尊重学生，以感情因素来打动学生，充分引导学生正向发展，在教育和管理中做好转化；最后，通过情感交流来引导学生的思想，要经常性对学生进行褒扬和激励，帮助学生养成高尚的道德情操。

①树立师生间平等意识。要想促进师生之间的良好交流和沟通，必须采取有效措施，改善师生关系，对于师生关系而言，对应的是平等的关系，是基于人格平等上的合作交流关系。在师生关系建立当中，必须凸显学生的核心主体地位，教师要起到良好的引导作用，学生才是学习的主人。在具体的教学管理活动开展中，教师要让学生学会自我管理，不要进行过多的干预。

②建立针对性的制度规定。制度建设是班级管理中的重要举措，但是制度的制定与实施，应适应不同班级的特点，符合大学生的年龄特征，而不能以检查、纠偏、惩罚为目的。

③尊重学生的个性差异。针对素质教育而言，其核心是个性化教育，针对不同的学生而言，是存在一定差异性的，要想从根本上提升教学效率、保证教育成功，就必须尊重学生，采取个性化和专门化的教育方法，针对不同的学生，要采取相应不同的教学方法，通过加强个性化教育，可以为学生创设良好的学习环境和学习氛围，从根本上提升学生的思维创新能力。

④树立"学生是发展中的人"的意识。处于教育阶段的青年学生身心尚未完全成熟，通过他们的成长规则可以看出还处于不断发展和成长的过程，有待开发潜质和技能。在学习过程中，除了与生俱来的遗传优势外，环境对他们的影响也尤为重要，从身心两个方面而言，遗传因素、环境因素、教育手段是共同作用于学生成长的，在三者的作用下，学生身心逐渐发育成熟。这种成熟的发展是不固定的，波动非常大。所以，学校教师和管理工作人员要从学生的角度出发，不要按照成年人的要求、自己的标准和固有观念去教育和指责他们，也不能对其不管不问，要针对学生不同阶段的心理变化进行有针对性的引导和教育。

⑤培养学生的责任意识。学生的道德教育是班级管理中的重要内容。一方面，不能抑制学生的独特性，要培养他们正确的观念，打破等级观念的束缚；另一方面，要培养学生的大局观，引导他们牺牲自我，实现大我。

（2）强化以学生为本的教育管理观。教育活动是根据教育理念开展的。在进行学生管理变革时，先要发扬"以学生为本"的观念，充分尊重学生的个性，鼓励全体学生参与，这是做好学生管理工作的基础。现代管理学指出，人力资源是最核心的资源，是管理工作中的第一要素。学校管理人员要将学生作为所有工作的重心，要以学生为中心开展活动，充分尊重学生、关爱学生、鼓励学生，要时刻不忘满足学生的合理需求，并引导他们开发自身的主动性、创造力和积极性。总而言之，就是要在学生管理的过程中充分了解学生需求，帮助学生提高综合素质和专业技能。管理要具有民主性和主观能动性，使学生意识到他们是管理的核心，除了被管理，还有管理的职能。要帮助学生培养对自我的管理、教育和服务。

高校学生管理工作具有全员参与性，所有的高校成员都在其中有着自己的作用。在管理工作开展过程中，单独依靠管理部门的努力是不够的，要充分发挥各人群的主观能动性，鼓励他们主动加入高校管理工作。要充分加强高校管理部门的教育意识和管理理念，积极邀请校内专家、社会优秀人才参与到高校的管理工作中来，同时要在学生群体中培养学生管理团队。在多方共同参与协助的管理模式下才能够实现高校、社会、家庭三者协同发展的新局面，才能够将高校的服务职能、管理职能、教育职能进行充分结合，形成新的管理合力。

（3）构筑学生管理信息创新平台。科学的进步非常迅速，信息化和互联网技术的发展也非常迅速。随着数字校园和网络校园的发展，高校已经成为网络用户最多的地区，大学生自然是数量最多的网民。新时代下的互联网给学生带来了极大的帮助，已经成为学生日常学习中获取知识的途径，对他们的人生观、价值观、世界观产生了深远的影响，但是却加重了大学生的管理工作。高校管理人员要进行计算机相关知识的培训，加强网络知识的学习，并在学习过程中掌握新的方法开展学生管理工作。在管理中，提高自身的信息化技能、科学化技能，这样的管理方式才能受到学生的喜爱。

首先，要构建学生信息数据库。新时代下，信息是管理的核心，熟悉学生的相关信息是管理工作的第一步。所以，新生入学时，就要对学生进行相关信息的采集、整理、登记、上传工作，特别要注意特殊学生如贫困生资料的收集。之后针对学生的成绩、奖惩情况、党团关系等进行更新录入，保存为电子档案，为日后查找学生信息提供详细资料。其次，打造学生管理服务平台。可以通过线上渠道对学生进行管理，在网站、腾讯QQ群、微信群等社交媒体开展管理工作。学生的管理服务平台要符合学生的需求，贴近学生的思想、生活和学习。要采用民主、平等、开放的形式开展网上讨论，扩大讨论量，打破区域限制。改变传统的单向沟通机制，实现双向沟通，这样有助于提高学生的讨论积极性和发挥学生的主观能动性，能够增进管理工作的亲切感。

（4）健全学生管理机构的创新运行。学生的管理团队在高校管理工作中发挥着重要作用，他们是主要的执行人员。管理机构作为整个管理体系的坚强后盾，通过发展学生管理团队、健全学生管理机构促进高校管理资源的合理分配，为学生管理机制创新贡献力量。现阶段，高校管理团队主要以班主任和辅导员为主，学生的管理水平反馈的就是他们的管理效果。学校应该从辅导员的优势出发来构建和整合学生管理团队，打造更高水平的管理平台，根除学生的应付思想。在奖惩制度上也要进行加强，激励管理团队的斗志，培养岗位责任感。高校的党委学生工作处是学生管理机构的指导，他们主要负责学生工作的安排和执行。作为执行单位，要充分发扬管理的公平性，要更加细致地管理学生，并完善相关的线上线下管理办法。通过这种多方的机制革新，明确管理的目标和职责，并将管理人员中的辅导员、班主任、学生团队进行有机结合，及时沟通，进行有关工作的汇报、反馈和相关问题的探讨，这样能够更加细致地开展管理工作，达到更好的管理效果。

(5)建立多维主体的学生管理体系。通过相关的规章制度、行为准则和管理办法对学生进行思想和行为的教育，并培养学生的思维能力、学习能力等，就是高校学生管理。学生的思想和行为是受到多方面影响共同作用的结果，因此，在对高校学生开展管理工作是要进行多方面的管理。这个过程中，学生是主体、公寓是学生的重要环节，家庭是重要的辅助手段。

①学校是学生管理的主体。对于学校规章制度以及相关管理方法而言，是可以对学生学习行为起到导向作用的，在具体的高校学生管理当中，必须在结合学生思想特征和实际情况的基础上，明确科学合理的人才培养目标，还要在结合学生身心发展规律的基础上，实现刚性管理和柔性管理的有效结合，凸显思想教育的激励价值，营造良好的教育管理氛围。

②公寓是学生管理的重要依托。学生公寓是学生学习、生活、社交、娱乐的重要场所，更是连接学校和社会的纽带，近年来，大学城和大型学生公寓的发展使得学生的思想、价值取向等都有了很大的变化。大部分学校在学生公寓中成立了管理中心，加强了对学生的管理力度，从各个方面都能对学生进行监督和管控。管理中心在公寓管理、公寓文化建设方面都有正向的推动作用。学校的相关管理单位、学生组织要加强学生的沟通和交流，网上汇总学生的相关问题，并探索解决方案。避免学生在公寓活动和相关管理工作中逃避责任，提高管理的效率。

③家庭是学生管理的重要合作者。要想加强高校学生信息化管理，还需要学生家长的配合，高效教师必须加强和学生家长的交流沟通，创新并完善学生家长联系制度。例如，有的家长在保持电话联系的同时，还发邮件或登录学校有关网站留言反馈学生的信息，交流教育经验，为推动学生管理起到了积极的作用。通过严格遵循学生家长联系制度和标准，可以从根本上促进高校学生管理工作的有效落实，还可以扩大学生管理方法的应用范围，从根本上优化学生管理效果。高校学生管理创新工作难度是比较大的，针对高校学生管理人员，必须在结合信息化思维特点的基础上，不断创新和完善学生管理方法，还要及时了解学生管理变化情况，从根本上推进学生管理创新。

（二）高校学生管理工作信息化建设方法

1.思想理念方面的建设

高校学生管理工作的创新的基础和前提是理念创新。理念是高度凝结的集体式智慧，核心是自主创新能力，既强调外在显性理念，还强调潜在的隐性理念。高校学生管理工作的创新，要让学生管理工作人员都能够与时俱进，及时更新个人理念，形成创新高校学生管理事务，提升管理工作效率的新理念。更新高校学生管理创新理念的具体途径有以下三方面：

（1）管理人员要加强服务意识理念。高校内的信息化系统服务于校内的所有人，其使用主体就是校内的管理人员。在信息化建设的过程中，高校教师参与网上办公正是一个重要的方法。高校管理人员应当着重培养自身的服务意识，从服务的角度出发，为信息化办公系统的进一步完善提升提供合理化的建议，从而改善信息化系统。相同的是，在我国大多数高校之中，管理人员并非教师阶层，其专业可能是不同的，一部分非信息化相关专业的管理人员相应的能力水平是比较低的，所以，对这一部分人而言，使用信息系统具有一定的难度，在使用的过程当中往往会出现各种各样的问题，传统的办公模式才是他们所熟悉的。因此，在信息化建设的过程中，需要高校重视加强对学生管理工作人员的相关培训，从而帮助其自觉使用信息化平台。信息管理人员应当加强对于信息化本质的理解，紧跟信息化发展的步伐。为了保证管理人员对于信息化系统的使用更加轻松，高校应当加强使用意识的培养，从而节约成本，提高效率。

（2）学生要积极使用信息化系统。应用现代化信息手段的优势在于，既能够帮助学生大幅度提高学习效率，还可以帮助学生培养学习的灵活性以及自主性。目前，部分高校已经开始使用校园一卡通，它的大小与普通的银行卡相似，其中包含有学生的诸多信息，如借书卡、饭卡、学生证等，使得学生生活更加便利。与之相同的是，学生的学习生活也因为大量信息终端的介入而充满了大量信息化内容，这样的改变使得如今对于学生信息化素养有了更高的要求，同时也带来了明显的优势。现实当中，学生们对于新事物的接受能力是较强的，因此，对于使用信息化产品也会更加热衷，从高校学生的性格特征以及心理特征角度进行分析，高校仍然应当注重培养学生的信息化素养，正确引导学生进行资源的开发以及应用，使学生们能够免疫不良信息，对学生的学习生活起到辅助支持作用。

（3）技术人员要树立服务意识、合作意识。在对高校信息化进行建设以及维护的过程中，信息技术人员发挥着主导作用，所以，高校应当保证相关技术人员时刻跟随科技发展的进度。由于受到专业的限制，技术层面成为许多相关工作人员进行工作的出发点，这也导致其无法准确地对各部门的需求进行把握。所以，高校当中的信息化技术人员和普通技术人员之间是存在着不同之处的，对于其服务意识的培养应当给予足够的重视。在进行调研时，首先应当同行政及其他管理人员和学生进行沟通交流，了解不同人员所具有的不同信息化需求。使用信息化产品时，信息化技术人员应当能够准确地把握产品，同学校实际情况相结合，提升其创新性以及务实性，从技术层面出发，同时结合实际应用当中所产生的需求来综合性地对信息化进行设计。

在高校学生信息化管理当中，还要严格遵循"以人为本"原则，要做好关爱学生和保护学生，促进学生的个性发展，从根本上提升学生的独立思考能力，加大对学生全面发展以及学习需求的关注度，旨在促进学生健康成长和高效学习。

信息技术同时具有通信以及自动化的功能，这对于各种管理应用系统的构建是有帮助作用的，可以进一步提升管理效率。除此之外，超强大的交互功能以及通信功能可以保证与学生沟通的畅通无阻；通过对信息技术的应用来实现各类应用平台的建设，对管理机制不断进行创新，不断加强管理以及服务水准，最终使网络具有传承人类道德普遍价值的功能。高校应当对建设网络平台给予足够的重视，围绕人类道德普遍价值教育这一问题，开展相关的网上交流、教学、论坛、辩论赛等，并通过校园的论坛、博客等进行有关信息的报道，在不断的交流渗透过程中积极引导学生树立正确的价值观，从而完善网络平台，加强民族精神，提升网络所具有的影响以及宣传能力。

2. 业务流程方面的建设

高校的核心重点是为国家培养和输送人才，高校的学生事务是高校的重点业务。新生入学时，报到注册、学籍资料整理、就业指导、实习支持、心理疏导等工作需要各个部门协同处理。就新生报到流程而言，学校管理部门、学院、学生处、资产处、财务处、保卫处、网络部门等都需要加入迎新工作中。这些部门如果实现了联合办公，新生报到的手续将会顺利很多。现阶段，高校学生事务的效果直接反映了高校的办学和管理水平，随着高校信息化的建设，学生事务需求越来越多样性，因此，要对高校学生事务的流程进行简化和创新，以满足学生的特殊需求和时代要求，学生和管理人员工作的匹配度是重点内容。高校信息化的发展需要教学部门、财务部门、安保部门全力合作，以此创新管理办法，从中我们看出高校学术观念管理的信息化本质上是对流程的规范。想要实现高校学生事务管理的变革和创新，就要找到管理工作中的缺陷所在，要始终将优化学生管理流程作为重点，突破传统的职能导向管理办法，将传统管理的优良传统和现代的管理办法进行整合、消减等，达到管理的最高效率和流程简化。高校传统管理流程可以从以下三方面进行改进：

（1）要在信息平台下实现组织结构扁平化。高校学生的管理是在专业调研数据的支撑下开展工作的，在高校和简化的管理流程建立之后，要减少管理层的数量，让整个组织架构轻便易操作，在提高管理效率的同时，缩小校领导和学校教师、学生之间的距离，以此来优化组织结构。通过流程型组织结构的建立，以目标和任务为指导开展工作，重视各个流程阶段对于工作的分配和人员布局。这种形式加强了各部门的沟通和交流，使得信息上传下达通畅无阻，各部门的优势在流程中不断得到体现。例如，传统的管理模式中，校领导想要了解学生的情况，需要从职能部门到各学院到辅导员到学生干部等层层反馈才能得到准确的信息。在信息化时代下，校领导直接可以查看学生的相关信息，不仅节约了校领导的时间，还保证获取到的数据的真实性。

（2）要在现代信息技术的网络化基础上构建协同管理的平台。高校管理工作是一件细致的工程项目，信息技术是保障项目顺利执行的重要手段，通过构建协同管理平台能够对获得的各种信息和资料进行管理和个性化处理，借此来克服以前部门之间资料浪费严重的问题，实现信息的高效共享。目前，大部分高校开始构建数字校园，在先进的科学技术、互联网技术的配合下，高校学生管理的工作全面实现了数字化处理，通过信息化的管理方式和信息传递模式来减轻教育的负担，推进教育管理工作的规范性和科学性。

（3）对相关业务进行集成，简化业务流程。在完成协同管理平台构建之后，就要对业务流程进行优化和创新。可以通过清理无效活动、综合任务考察、流程顺序简化和技术自动化等途径来开展工作。要保障信息来源的统一性，避免信息传递造成失真，以此来保障流程的效率和真实。在各部门间的沟通和交流上简化结构组织，将相似功能的部门整合成一个部门。相应的活动也进行综合处理。在处理学生信息时，信息的公开化很好地解决了传统工作中众多中间层的传递，计算机的自动化处理功能代替了人工的统计、录入工作，将学生的工作重心转移到信息的加工和二次开发上，提高了解决问题的效率。

3. 组织结构方面的建设

在信息化逐渐普及的背景之下，高校学生管理组织的创新结构能够为其发展提供强有力的支持。管理的信息化并非指在目前基础上加入计算机、多媒体设备或相关的软件，而是应当基于现代大学管理理念不断地优化调整高校学生管理各资源以及环节，进行科学的定位，对信息流程进行合理化设计，从而确保在网络环境当中各种资源传输的及时准确性，能够为各项管理工作提供坚实的基础。所以，高校想要进一步实现学生管理信息化，首先应当在组织结构所具备的原有基础之上进行进一步的更新设计。

目前，高校信息化建设过程中所产生的发展趋势是：成立相关工作领导小组或是委员会，增加信息主管（CIO）这一岗位，由高校"一把手"直接进行领导，并对校园信息化建设主要负责。在实际工作的过程中，CIO负责信息标准以及政策的制定，管理全校的信息资源、对各个职能部门以及行政管理人员进行协调，从管理这一角度出发，对信息技术进行选择和使用，通过对信息资源的反复筛选和深度挖掘来完成对于数据的准确利用。信息化组织体制具有CIO结构后既能够对管理体制的改革起到促进的作用，还能够帮助调整学校专业结构，从而促使高校的管理决策层得到进一步的提升。除此之外，还需要保证同时进行信息化领导小组的进一步完善与信息化组织结构调整。

（1）组织的主要结构

①直线型层级结构。从我国的目前状况来看，高校当中所存在的学生工作组织结构，其主体为校、院两个管理层级之间相互结合的管理机制，是一种直线型层级关系。这种层

级结构对于相关职能部门以及院系的快速控制主要依靠决策的快速性和指挥的灵活性，使得校内的资源能够进行有效的整合，从而使得全局工作能够顺利进行。不过这样的管理过程也存在弊端，导致多层领导出现条状分割状况，职能之间会发生相互重叠。另外一个问题就是沟通协调存在着困难，对于多部门参与的过程中，横向协调性至关重要，无法专业化地对工作进行指导，就极其容易导致负责领导以及非负责领导都不会进行管理的状况。由此我们可以发现，直线型层级结构当中具有较大的组织跨度，这导致了学生工作的管理很难由党政"一把手"进行完全的控制。教学科研往往被当作是高校的中心工作，相较于学生管理工作，被认为更加重要。

从另外一个角度来看，高校学生工作信息传递通常需要经过多个层级相关管理部门人员，流程相对冗长，在这样的环境下运用直线型层级结构极易导致信息传递的不顺畅，甚至会导致传递出现障碍或者是信息失真。

②横向职能型结构。我国目前仅有少数高校在应用横向职能型结构，其主要特点包含有条状运行机制和一级管理体制，参考西方高校的学生事务管理模式，由于这种结构的管理机构设置以及管理权限分配是在学校层面来进行的，依据分工的不同由不同的职能科室来面对学生和社团开展工作，学生管理工作最大的特点在于多头并进以及学校直接开展。与之相同的是，管理层级因为大的组织跨度、管理的扁平化以及分工的明确性而得到了减少，工作职能得以向学生延伸，降低了横向协调的难度，增加了指挥的灵活性，增强决策者对于管理的影响。不过在这样的组织结构当中，专业化以及管理层次的缩减会导致相关工作人员对其过分重视，增加工作强度和心理压力。这种大负荷工作极易导致工作效率的降低，在院系当中沿用辅导员制度会导致隶属关系的模糊，进而使得辅导员无法明确自身的工作职责。

（2）网上业务协同矩阵的管理结构。矩阵结构普遍化是目前国际著名大学组织结构取向的一大特点。如今，越来越多的高校加入数字化职能校园建设当中，这也使得学生以及教师的信息化素养得到了大幅度提升。由于高校当中的部分职能部门无法实现部门内部的业务协同以及信息的共享，因此，逐渐转变为跨越应用、处室以及职能领域的业务协同以及信息的共享。在学生工作当中，网上事务处理方式以及信息服务的现象正在逐渐增加，其中包含后勤、教务、财务等多个部门。过去高校毕业生在进行离校手续办理时，需要携带纸质的离校单在校内的各个部门进行盖章。如今在应用离校系统之后，不同部门之间的协同工作使得毕业生能够通过网络完成离校手续。

系统当中的工作流程可以实现学生办理离校手续时相关的不同部门的协同工作，学生在线提交申请，可以提升离校手续办理的速度。在进行奖学金评定时，通常需要综合学习成绩、品德等多个方面进行考虑，此时学生处以及教务处之间的相互配合，提升问题解决的速度。校园一卡通系统被众多高校应用，它既是学生的学生证，同时还是门禁卡、图书证等，其制作与发行通常情况下是由网络中心来负责，学生以及教职员工的相关信息通过不同部门数据库中的数据,进行横向整合,使得一卡通能够对校内的各个部门的信息进行共享,实现联合办公。

在中国的大学当中,矩阵管理结构的建设因为信息技术的普及应用而有了发展的空间。可以确认的是,当前我国大学当中的信息化发展不够完善,接下来还需要一段漫长的时间来完成对于信息系统和相关管理结构的建立。不过目前许多高校已经开始进行新岗位以及部门的设置,重组业务流程,例如,完成信息化办公室的建立从而促进信息化建设,组建学生信息综合服务中心等,从而推动信息化的完善进展,借助通信系统完成本来由不同部门分别进行的工作。

①学校的信息化平台。信息化平台应当对所有与学生密切相关的部门进行统筹管理规划,其中包含教务处、图书馆、财务处、就业指导中心等,根据平台的不同来对功能模块进行合理的规划,根据学生的基本信息来进行学生电子档案库的建立,其中可以包含在校期间学生的学习、获奖、生活、获得的资助,以及违纪情况,等等。既保证功能的发挥,还能够对学生的在校表现进行综合性的反馈,直接展现学生在校期间的真实情况,客观地对学生综合素质进行评价。在建立数据统计平台的过程中,学生基本信息的统一性是至关重要的。

所以,保证学生基本信息一致性对于学生电子档案库的建立十分重要。这些信息包含姓名、出生年月、性别、经历和生源地等不会改变的基本信息,同时还包含家庭成员基本信息以及家庭基本情况在内的会发生变化的内容,除此之外学生获得奖学金、助学金的情况和实习培训情况。以上信息在被提交之后需要学生处以及院系进行审核,根据学校情况的不同,可在特定时间由学生对数据进行更新修改,并由相关部门对其进行审核。除此之外,想要实现对于学生情况的全面记录,还应添加一些平台功能,例如,学生进出公寓和图书馆的情况、借阅情况以及消费情况等,从而使得调查统计分析更加的便利。

②数据收集和数据分析的功能。从数据来源角度进行分析,应保证其直接性和客观性,这样对于后期的调查统计分析是有利的。经过统计分析可以帮助我们更加直接客观地对学生的在校情况进行综合性评价。例如,通过校园卡了解学生的消费情况并将其和贫困学生的信息进行相互比较,从而完成对于贫困生情况的科学核查,进而调整补助的发放情况。或者对学生进出图书馆以及借阅的记录进行调取,将其与学生的成绩进行比对,从而有效地完成对于学生阅读及学术研究分析。统计学生就业情况,并将其同学生的在校情况进行结合分析,从而找到帮助学生提升个人综合素质以及就业能力的有效方法。对不同部门的数据进行同步的交叉比较,可以发现教学以及其他学生事务进行管理的过程中所存在的问题,进而对教学管理以及学生工作提出更多宝贵意见。

③权限分配。在对权限进行分配时,可以根据角色的不同来进行,根据工作人员所在部门、职务以及工作内容的不同,分配不同级别和内容的权限,细化操作环节,保障操作安全。这样的学生管理系统可以提供给包括学生本人、辅导员以及事务管理部门人员使用,

能够授予其他相关人员进行查阅的权限,可以更加便捷地对学生的学习生活情况进行了解。

4. 技术支持体系方面的建设

(1)加大硬件方面的投入。学生管理工作信息化的硬件设备包括电脑、互联网设备等,学校要加强技术设备和设施的完善。高校学生管理信息化要符合国家的相关法规和科技指标,贯彻"基础网络保障、核心计算功能、应用精神指导、安全性能保障"的思想,时刻关注行业动向,掌握信息化核心技术,进行创新和改革。要鼓励高校管理信息化的模式创新,加强实验和尝试,将校园网络布局为主网络,在网络技术和各种信息化系统的协助下,开拓实用性功能,将办公系统、无限资源、网络环境等进行传递和共享。要加强硬件设施的资金投入和技术投入,要寻求校企合作,全面加强学生管理信息化的水平。

(2)创建"智慧校园"。高校中,数字化校园的实现将教学和管理工作推进了互联网时代,为高校学生带来了便利性。近年来,世界各国在信息化技术发展的浪潮中都开始了高速发展互联网和信息技术,在应用和发展方面改变了人类的生活方式,给各种职业带来了全新的变革。同时,信息化时代带动了智能时代的到来,智能技术在生活中随处可见,智能交通系统、智能电网、智能医疗器械、智慧食品、智慧城市、智慧基础设施等将地球推进了智能化发展时代。"智慧地球"的概念也带动了智慧城市和智慧校园的发展进程。国内一批高校在信息化、智能化技术的带动下组建了智慧校园,如南京邮电大学。为高校学生管理工作提供了新的操作模式。

(3)创新学生管理工作。学生的安全工作是高校的核心重点,平安校园的建设是高校目前的工作重点。高校现阶段要考虑的是如何在不影响学生的正常学习和生活的情况下,保障他们的安全性。现阶段,物联网在高校环境中的应用与日俱增,物联网通过无线数据侦测对事物进行识别和信息收集,并按照预先设定的程序进行处理并反馈给用户。高校的日常管理工作中,如果在教室、公寓、食堂、图书馆等地方布局识别系统,学生的一言一行都能够被实时监测,并反馈给有关部门。感应系统在公寓的应用作用更大,学生通过一卡通就可以随意进出公寓门禁系统,方便了学生管理和生活。

"物联网"的应用充分保障了学生的安全性,避免危险事故的发生。通过在不同的区域和手机系统中装载射频识别(FRID)芯片可以实时提醒学生要携带的东西。图书馆的借书、归还、搜索等也可通过FRID读取。基于位置服务(LBS)系统是一项高新技术,目前,学生基本都有手机设备,这给LBS提供了良好的安装环境。LBS在日常学习和生活中的应用广泛,它是学生为了提高效率主动运用的一种技术,这也是它和物联网的区别所在。

5. 管理方式方面的建设

(1)适应发展需求,创新管理方式。随着信息化的发展,高校管理模式也要发生变革,才能够符合当代学生管理的新需求,找到管理学生的新形式。高校信息化工作开展之前,要通过专业的信息化小组对项目进行专业管理、目标确认、奖惩执行和系统动力理论,通过结合项目管理的相关理论和实际经验全面管理项目，以期达到项目预期效果。管理需求的更新必然导致信息化项目的改变，主要是在流程和结构上进行相对应的更新，在不同的管理形式下需要不同的软硬件设备支持。所以，高校学生信息化管理的前提是要熟练掌握传统的管理模式，并找到与支持设备的匹配处。除此之外，高校管理人员要注重网络的开放性，要从传统手工的方式转化为互联网的形式。高校学生管理人员要加强信息技术知识的学习，创新高校学生管理的新形式和新途径。

（2）利用信息化平台，提升精细化程度。精细化主要是在学生管理工作中要做到细致、精准，精益求精，要树立超高标准，要细致入微。要将信息化技术应用到学生管理工作中，推动整体水平的提高，并注重学生的个性发展需求，帮助学生全面发展。工作以学生为中心，注重学生个性的发展和个人的指导，全面提高教育效果。学生管理工作的精细化是一种目标、是一种态度、更是一种形式，是一种精耕细作的操作模式，是对学生的全面培养，对信息化技术的全面应用。要充分利用信息化平台的优势，来为教育工作提供动力，帮助学生管理工作实现精细化管理和服务。

（3）做好队伍建设，提高人员素质。信息化时代下，为了保障高校学生管理的水平、完成人才培养的任务，需要组建专业的高质量信息化管理团队。这个团队的组成人员既要有专业人士、又要有非专业人士，要涉及多领域的人员。首先，队伍除了具备基本的管理理论素质，还应该具备互联网和软件开发等技术水平，同时还要具有创新精神和创造力。其次，工作管理体制要与人才培养的目标相匹配，并能够及时进行调整。要明确流程顺序，分清各部门职能，要加强管理部门的决策能力、发挥管理人员的主观性和积极性。最后，要针对团队成员进行专业的培训，并创建长期的培训机制，发挥团队的特色，广泛涉猎多学科知识，以老成员带动新成员的模式进行培养。让高校管理人员不仅提高自身的互联网技术水平，还能够提高信息的优化组合管理能力，共同保障高校学生管理系统的运行。

（4）加强安全管理，完善信息化保护体系。高校学生管理要重视信息系统的安全性和保密性，这是学生管理工作中的重要内容。首先，要充分考虑各个高校的网络信息安全性，配备与之适应的软硬件设备、安全防护系统等；其次，要设定严格的等级权限制度，根据不同的部门和身份创建不同的职能账号和权限，避免出现交叉重叠的权限设置，要确保所有工作人员管理好账号安全；最后，要出台相关制度和规章维护信息安全性，针对信息泄露等行为制定相应的惩罚制度，保障学生管理系统的安全性能。

第三节　大数据时代高校学生教育管理工作的路径

"互联网、移动通信等相关技术手段在高校广泛普及，不少数据信息呈现爆炸式增长态势，大学生的教育管理工作面临新的挑战与机遇。"① 为了顺应这一发展趋势，高校要对学生教育管理工作方式进行大胆的创新，并在此基础上科学指引学生发展良好的互联网思维，尽可能地凝聚共识，实现全面管理。现阶段大学生对校园管理的需求发生了改变，各大高校需要借助网络优势，改革创新管理思路，实现预期的管理目标，对以往管理方式的特征进行深入的研究，最大限度把学生管理工作和信息化方式融为一体，为此项工作可以畅通无阻地进行下去创造有利条件。

一、大数据时代高校学生教育管理工作面临的挑战

第一，海量数据下信息处理难度更大。网络全覆盖的大环境下，大学生在常规交流期间所产生的音频、图片等一系列大数据信息，会逐渐形成信息庞杂的大数据。对这些大数据信息进行分析可知，该信息将大学生的思想情感与行为动态等充分地展示出来，而此时相关管理人员要在第一时间对具有潜在价值的资源进行深层次的挖掘，为此项工作的顺利开展指明方向。这里将学生借阅图书当作论述对象，通过对以下信息的深度剖析来掌握大学生的阅读喜好以及思想情况：①书籍的种类；②数量；③时间；④质量。从客观的角度来讲，在开展学生教育管理工作的时候，大数据信息种类五花八门，在对这些信息进行处理的时候，一定要具备相关技术手段，但现阶段部门管理人员并不具备这样的技术水平，从而增加学生教育管理工作开展的难度。

第二，网络环境下信息安全威胁更突出。在上网浏览信息的时候，很多学生并不具备较强的自我保护意识，所以，容易不经意间导致数据泄露等问题。怎样实现对各种信息的有效保护，是相关管理人员需要考虑的主要问题。

第三，专业化师资不足。结合相关实践调查可知，学生教育管理师资基本上依赖于常规生活、学习管理，并不具备较强的大数据思维，不能对学生的思想动态和行为趋向做到了如指掌，致使学生教育管理工作存在滞后性，无法将特殊化教育落实到实际工作中。例如，在开展思政教学活动期间，对于学生可能存在的集体沉默现象，该如何掌握学生的思维变化；面对学生在腾讯QQ、微博等社交软件中比较活跃的现象，该制定怎样的思政教育新对策；要想解决上述难题，就要将先进的管理理念渗透其中，尤其是利用大数据来量化有关信息，并在此基础上找到管理问题发生的根本原因，以此来实现对管理方式的科学优化。

二、大数据时代高校学生教育管理工作的路径创新

（一）学生教育管理理念创新

"在信息与数据技术的支持下，学生的差异性特征将会以更加具体的数字化特征呈现，这是大数据时代高校学生教育管理工作的独特优势。"② 要想充分确保学生管理工作的顺

---

① 刘奎汝：《解析大数据时代高校行政管理信息化建设》，《中外企业家》2020年第18期，第40页。
② 元礼娜：《大数据时代高校学生教育管理工作的创新路径》，《食品研究与开发》2021年第42期，第246页。

利开展，就要保证和学生的个人需求处于融合的状态，并重视其个体差异，在充分结合学生心理特征的基础上开展相应的创新工作。对学生教育管理进行分析可知，应当通过创新理念以及创新模式引导学生树立正确的世界观、人生观、价值观，促进其道德品质全面提高。与此同时，应当想办法充分发挥大学生的主体作用，将其综合能力加以提升。通常情况下，学生教育管理模式要尽可能多元化，在此基础上借助大数据的优越性，通过深度探索学生的行为实现对其学习状况与生活情况的科学把控，令大学生全身心投入其中，从以教师为中心过渡到以大学生为中心。客观地说，使常规的学生教育和课外育人活动相匹配，令学生自然而然地参与教育活动，继而提升教师教学水平。借助切实可行的教育模式充分发挥学生的主体作用，确保课堂教育和网络教育融为一体，提升大学生的综合素养，使学生管理工作目标得以顺利实现。

（二）学生管理工作模式创新

大数据时代，学生管理工作需要对管理模式加以创新，这样才能最大限度地满足大学生对管理的实际需求。从各大高校的角度出发，应当采取针对性手段建设管理平台，并在此基础上通过相关平台提升管理水平，对互联网技术手段进行充分利用，主动传播优质资源，继而促进网络平台利用率的全面提升。对互联网平台进行分析可以得知，该平台能够推动信息的高效传播，通过各种网络媒介，为学生提供与之相匹配的服务，促进学生身心健康发展。从客观角度来讲，该平台可以加强师生之间的沟通，令原本较为紧张的师生关系得到有效的舒缓，教师协助学生借助该平台探索相应的信息内容，继而促进管理质量的全面提高。除此之外，高校还需要做到组织的扁平化发展，以往管理中，组织之间需要进行烦琐的匹配，将部门管理作为核心，没有重视对学生的管理。基于这种状态，高校运用互联网对每个部门进行整合，从而顺利形成与之相匹配的管理形式，以此来促进管理水平的全面提高。

（三）学生教育管理队伍强化

大数据时代来临，相关管理人员要想紧跟时代的脚步，就要拥有与之相匹配的专业水平，这样才能确保此项工作顺利进行。要定期或者不定期开展培训工作：一是辅导员心理健康知识；二是大数据整理分析；三是推动辅导员队伍专业化。将队伍综合水平加以提升，加大对新入职教师的培训力度，确保他们具备扎实的专业能力。与此同时，通过外出学习等方式将其综合水平加以提升。从高校角度来讲，应当借助合理的方式为管理队伍营造与之相匹配的工作环境，如采取行之有效的激励机制，将该队伍的薪资报酬加以提升，使存在的各种问题都能够得到妥善处理。对各种规章制度与考核评估机制进行适当的优化，令该队伍的责任意识得到进一步强化。

（四）学生管理工作方式创新

从高校的角度出发，为了提高学生管理质量，应当对管理工作模式进行大胆的创新，只有这样才能做到与时俱进。在开展管理工作的过程中,应将学生思想理念作为核心内容,并在此基础上时刻调整工作模式,为此项工作有条不紊的进行提供应有的保障。就管理者而言,应当在第一时间转变自身的管理理念,以全新的视角看待此项工作,主动探索更加满足学生需求的管理手段,对各种网络技术进行充分利用,以推动管理工作的全面发展,为所有管理者管理水平的提升保驾护航。除此之外,此项工作的实施力度往往和工作人员的自身水平存在密切的关系,这就要求相关工作者在具体管理工作中提升自身能力,这样才能令管理队伍的综合水平得到进一步提升。

高校需要将目光放在信息化内容的培训上,促使所有管理者熟悉互联网,继而协助学生处理一系列问题,为我国的经济建设输入新鲜的血液。高校应当采取针对性的手段,充分确保制度和管理人才的统一,并在此基础上提醒相关管理人员把工作落实到位,确保管理人员端正自身的工作态度,有耐心、有责任心地为学生的发展指明方向。与此同时,高校应当构建切实可行的培训机制,在指定的时间对相关管理者做好相应的技能培训工作,帮助他们熟练掌握软件以及网络等方面的知识。

总而言之,随着大数据时代的到来,各大高校学生管理工作面临新的挑战与机遇,将高校学生管理工作落实到实际工作中,对提高高校管理水平、加快高校发展的脚步等具有积极的意义。

第四章　大数据时代高校行政教育管理工作

第一节　高校行政管理及其改革措施

一、高校行政管理的体系认知

"高校行政管理主要是高等学校为了实现学校教育工作的目标，依靠一定的机构和制度，采用一定的措施和手段，发挥管理和行政的职能，带领和引导师生员工充分利用各项资源，有效地完成学校的工作任务，实现预定目标的组织活动。"[①] 高校行政管理对教学和科研活动都具有辅助性的作用，是高校正常运行与发展必不可少的部分。

（一）行政管理组织及主体

行政组织有广义和狭义之分：广义的行政组织泛指一切具有计划组织、指挥、控制、协调功能的组织机构，包括机关、团体、企事业单位等各种社会组织中的行政事务管理机构。狭义的行政组织仅指国家机构中的执行机构，是行使国家行政职权、履行国家行政职能的法定主体，是各级、各类国家行政机关的统称。行政组织的含义不是单一的，而是由以下几方面构成：

第一，行政组织的静态主要体现在行政组织的机构设置、职责分工等方面。行政机构是行政组织的载体。

第二，行政组织的动态主要体现在行政组织的计划、组织、指挥、控制、协调功能上。行政组织必须通过一系列活动过程来实现组织的目标。

第三，行政组织的心态主要体现在行政组织是具体行政人员的组合，并通过他们的心智活动来实现组织的功能。

第四，行政组织的生态主要体现在行政组织的产生、存在和发展都是随着环境的变化而调整的，行政组织具有开放性。

[①] 王琪，《高校人力资源管理与行政改革研究》，北京：北京工业大学出版社，2018 年第 125 页。

1. 行政组织的要素

行政组织是由若干要素组成的有机整体。一个结构完整、功能齐全的行政组织，一般应该包括以下要素：

（1）组织规范。规范是维系组织存在的纽带，是为了达成组织目标而设定的对组织内外的普遍性要求。行政组织作为一种层次繁多、结构庞杂的组织，其对组织规范的依赖更是不言自明。依法行政，是现代行政的发展方向。依法行政中的"法"包括行政法规、规章、制度、措施、规定、条例等。这些都是行政组织规范的具体表现形式。当然，组织规范并不仅是现代组织的要求，自有组织之日起，就有组织规范。组织规范的发展制约着组织形态和组织的发展，组织规范的完善程度直接影响着组织的发达水平。

（2）目标体系。行政组织作为一种体系庞杂、功能巨大的社会组织，必须具有清晰、明确的职能目标，而且行政组织的整体目标、各个部门的职能目标、工作人员的个人目标等众多目标必须合理分工、有机协调，从而形成一个完整的目标体系。整体目标是总目标，形成并指导和控制其他各级职能子目标和个人目标。各级职能子目标作为中间的关键环节，一方面要与总目标协调一致，形成对总目标的强力支持；另一方面，还要对个人目标进行具体的协调、指导和规范，保证自身目标的达成。而个人目标作为总目标和各级职能子目标的基础支撑点，必须与前两者保持一致，接受其调整和规范，同时个人目标也要与个人需要协调一致，从而形成个人努力工作的强大动力。总而言之，只有这三者有机结合、高度一致，才能保证行政组织的存在和健康发展。

（3）机构设置。各种社会组织都是通过聚集人力、物力和财力资源，并对其进行重新分配、优化组合来实现自身的存在价值的。聚集各种资源的依据是目标，重新组合的依据是职能，而职能的实现必须依托于对人力、物力和财力资源的有形划分。依据目标和职能，对人力、物力和财力资源的有形划分就是组织的机构设置。换言之，机构设置的依据是目标和职能，机构设置的功能在于对各种资源的合理分配和优化组合。

（4）人员构成。人员是行政组织目标的达成者，是行政组织职能的履行者，是行政组织结构的设计者、构成者和改进者。人员是行政组织的基础要素，人员构成是行政组织的关键。任何行政组织要想充分发挥其职能，实现其目标，都必须对人员构成进行合理设计或及时调整。一般而言，行政组织应该由三种类型的人员构成：领导者、中层管理者、基层执行者。三者之中任何一个都不可或缺，否则，组织运行效率将受到影响。

（5）权责分配。行政组织的聚合作用产生组织内部的公共权力，对这种公共权力的合理分配是实现组织职能的基础和前提。如果没有足够的权力支持，任何部门和个人都无法有力地推动组织事务的解决和各种活动的进行。每个部门和个人都需要从组织那里获得足够的权力，当然，组织不会无条件地将权力分配下去，它要求行使权力的部门和人员在行使这些权力时必须恰当，权力的恰当行使既要求各个部门和人员拥有足够的权力，同时也要求他们承担因不恰当行使权力而产生的责任。

(6) 资金设备。资金设备是行政组织赖以存在的物质基础,是行政组织财力、物力资源的总称。充足的资金和先进的技术设备,是提高行政效率的前提条件,是实现办公现代化的物质保障。当然,资金设备的节约,也是高效行政的基本要求。

(7) 运行机制。规模庞大、层次繁多的行政系统需要开放、高效、灵活、顺畅的运行机制。运行机制是人力、物力、财力资源在动态层面上的存在形式。良好的运行机制在运行过程中会对组织内外的资源进行合理的安排和支配,以保证组织活动的顺利进行。

(8) 管理理念。不同的组织拥有不同的管理理念,而不同的管理理念会对组织产生不同的指导作用。根据指导作用的差异,可以将管理理念划分为起积极促进作用的先进的管理理念和起消极阻碍作用的落后的管理理念。先进的管理理念是行政组织所必需的。

2. 行政组织的特性

(1) 开放性。行政组织是一个开放性的社会系统,它同时受外部环境和内部因素的影响,其结构不是一成不变的模式。行政组织开放性的特征包含以下三方面:

①行政组织不是孤立存在的,而是处在与外部环境不断交互作用之中。它经常受到复杂多变的外部环境影响,是一个开放的系统。

②行政组织内部由若干个分系统组成,主要包括两个方面:一是社会、心理和管理方面;二是技术和结构方面。因此,行政组织是一个社会技术系统。

③行政组织是一个整合的系统,它协调各系统及其与环境的关系。这种开放性的特征,使行政组织成为一个输入输出的转换系统。

(2) 系统性。系统性是行政组织在存在形态上的有机性和整体性,目标上的明确性和一致性,职能上的分工性和合作性,结构上的独立性和关联性,运行机制上的协调性和规范性。行政组织作为一种庞大的社会组织,其内部要纵向分层、横向分部、上下沟通、左右联系,各个部分密切配合,才能保证行政管理活动的顺利进行。可见,系统性是行政组织作为一种组织形态的重要特征。

(3) 权威性。由于行政组织的主体——行政机关是公共权力的执行者,因此,与其他各类组织相比,行政组织具有极强的权威性。行政组织依法制定和实施的法规、政策、方针、命令、规章、制度等,要求在其管辖范围内的任何组织和个人都必须无条件地遵守和执行。而除行政机关之外,广泛存在于其他社会组织中的行政职能部门,作为该组织主要的管理者,在其管辖范围内也同样具有较强的权威性。

(4) 服务性。服务性是行政组织的出发点和基本属性,可以从广义和狭义的行政组织两个层面来理解这一特征。从广义层面讲,除各级政府之外,广泛存在于各类社会组织中的行政组织作为组织决策的制定者和决策的主要执行者,既要为组织中的"立法者"服务,也要为组织中的全体成员服务,而且要为组织外部的有关人员服务,其服务性更为明显。从狭义层面讲,行政组织有"三个服务"。首先,行政组织作为上层建筑的重要组成部分,必须适应和服务于经济基础,为国民经济的稳定和发展服务;其次,行政组织作为立法机关的执行性机关,必须服从立法,为宪法和法律服务;最后,行政组织作为一个社会组织,它又必须服务于社会和社会公众。

(5)社会性。行政机关是行使社会公共权力、管理社会公共事务的国家机关,它具有管理社会公共事务的职能,这就决定了行政组织具有社会性的特征。行政组织的社会性特征具体表现为:设置大量机构管理经济、科技、文教、卫生、交通、邮电、环境保护和社会保障等社会公共事务,为全社会提供服务。其他各类行政组织作为存在于社会中的个体,是社会发展的产物,也必然具有社会性。其社会性体现在两个方面:第一,各类行政组织不仅要关注经济效益、政治效益,同时也要关注社会效益;第二,各类行政组织都不能脱离社会而存在,必须与整个社会进行交流和交换。

3. 行政组织的类型

为了便于管理和研究,行政组织可以根据不同的需要做以下划分:

(1)根据管理职权和管理对象的大小划分

根据管理职权和管理对象的大小划分,行政组织可分为高级行政组织、中级行政组织和低级行政组织。高级行政组织管理职权大,管理对象主要是全局性的、相对重大的事务;低级行政组织的管理职权小,管理对象主要是具体的执行性事务;中级行政组织则介于两者之间。就企业单位而言,经理层属于高级行政组织范畴,因而被称为高层管理者;部门经理层属于中级行政组织范畴,因而被称为中层管理者;车间主任、基层班(组)长等属于低级行政组织范畴,因而被称为基层管理者。

(2)根据管理职能涉及的内容来划分

根据管理职能涉及的内容来划分,行政组织可分为综合性行政组织和专门性行政组织。各级政府,无论级别高低,管理职权大小,均属于综合性行政组织。各级政府下设的职能部门一律为专门性行政组织,但其中比较特殊的是办公室,因其是综合职能部门,故应属于综合性行政组织。专门性行政组织可具体分为以下方面:

①领导性行政组织

领导性行政组织主要是各级、各类领导机关,是各种组织内部的行政首脑机关、统帅机关,是行政组织各层级的中枢。其主要任务是对所辖区域的各项事务进行统一的领导、指挥、协调和控制等。这类行政组织的工作具有全局性和统帅性。

②职能性行政组织

职能性行政组织是各级、各类职能机关。它是在领导机关的直接领导下,独自执掌某一方面行政事务的机关。它是根据行政需要,按照法定程序设立的领导机关的组成部门。

③直属性行政组织

直属性行政组织，即直属机关，是根据需要而设置的主管各项专门业务、为领导机关直接管辖的单独机构。它不是领导机关的组成部门，级别比职能机关低，主要负责人不列入政府组成人员，其工作具有较强的专业性。

④辅助性行政组织

辅助性行政组织，即辅助机关，是协助行政首长处理专门事项，或负责政府机关内部综合、平衡、协调等工作的办事机关。辅助机关没有特定的专业事务，不能脱离行政首长而独立存在，因而也不能直接对各专业职能部门行使指挥和监督职权。只有在特别授权的情况下，它才可以代表行政首长行使一定的权力。辅助性行政组织的工作具有综合性的特点。

⑤咨询性行政组织

咨询性行政组织，即咨询机关，也称智囊机关或参谋机关，是指专为各级、各类领导性行政组织出谋划策的机关。其职能就是出主意，当参谋，想办法。由于现代社会日益信息化和经济日益全球化，咨询性行政组织的作用越来越重要。

⑥派出性行政组织

派出性行政组织，即派出机关，是各级人民政府为减少管理幅度，通过法定程序在所辖区域内设立的代表机关，它不是一级政权机关，其权力源于上级人民政府的委派或延伸。如街道办事处、税务所等，都是派出性行政组织。派出性行政组织的任务主要是执行和督促执行上级政府机关的决定、决议，反映基层群众的意见和要求，发挥承上启下的作用。

4. 行政组织的功能

行政组织作为一种社会组织，具有的功能为：①"聚集"功能，即为实现组织目标，将各种人力、物力、财力汇集成一种合力；②"转换"功能，即将汇集起来的各种要素，进行加工、整合，实现资源的优化配置；③"释放"功能，即将经过组织加工转化之后形成的新的能量释放出来，达到处理公共事务的目的。行政组织的作用主要体现在两个方面：一是执行国家的法律和政策或实施组织的决策，这是由行政组织的行政性决定的；二是管理或参与社会公共事务，为社会公众服务，这是由行政组织的社会性决定的。

5. 行政管理的主体

（1）行政管理主体的特性。所谓行政管理主体，是掌握行政管理权力，承担行政管理责任，在行政管理工作中协调他人或其他组织的活动，并对组织完成预期任务负有责任的人或组织，它决定着行政管理的方向和进程。行政管理者和行政管理组织是行政管理主体的两个有机组成。行政管理主体的特性包括以下三方面：

①阶层性。行政管理主体的阶层性指的是作为行政管理者在组织行政管理中的层次位

置。一般而言，可以把一个组织内的行政管理者（或行政管理机构）分为高层行政管理、中层行政管理和基层行政管理三个层次。低一层的行政管理者既是行政管理活动的主体，实际上又是更高一层行政管理主体的行政管理对象。

②部门性。在一个组织中，基层和中层的行政管理者又有其不同的分属领域，对于不同行政管理部门的管理者而言，从整体着眼，从本职着手是很重要的。

③全员性。从更宽泛的视角来理解行政管理主体，组织中的每个成员都是其本职工作岗位和领域中的行政管理主体。各级行政管理者如何发挥全体成员的工作自主性和积极性，是实现行政管理目标的重要条件。

（2）行政管理者的角色与类型。行政管理者可以划分为以下三种不同类型：

①按行政管理层次划分

按行政管理层次划分，可以分为高层行政管理者、中层行政管理者和基层行政管理者。高层行政管理者，指一个组织中最高领导层的组成人员。他们对外代表组织，对内拥有最高职位和最高职权，并对组织的总体目标负责。他们侧重组织的长远发展计划、战略目标和重大政策的制定，拥有人事、资金等资源的控制权，以决策为主要职能，故也称为决策层。中层行政管理者，指一个组织中中层机构的负责人员。他们是高层行政管理者决策的执行者，负责制订具体的计划、政策，行使高层授权下的指挥权，并向高层报告工作，也称为执行层。基层行政管理者，指在生产经营第一线的行政管理人员。他们负责将组织的决策在基层落实，制订作业计划，负责现场指挥与现场监督，也称为作业层。

②按行政管理工作的性质与领域划分

按行政管理工作的性质与领域划分，可以分为综合管理者和职能管理者。综合管理者，指负责整个组织或其所属单位的全面行政管理工作的行政管理人员。他们是一个组织或其所属单位的主管，对整个组织或该单位目标实现负有全部的责任；他们拥有这个组织或单位所必需的权力，有权指挥和支配该组织或该单位的全部资源与职能活动，而不是只对单一资源或职能负责。

职能管理者，指在组织内只负责某种职能的行政管理人员，这类行政管理者只对组织中某一职能或专业领域的工作目标负责，只在本职能或专业领域内行使职权、指导工作。职能行政管理者大多具有某种专业或技术专长。就一般组织而言，职能管理者主要包括：计划管理、生产管理、技术管理、市场营销管理、物资设备管理、财务管理、行政管理、人事管理、后勤管理、安全保卫管理等。

③按职权关系的性质划分

按职权关系的性质划分，可以分为直线管理人员和参谋人员。直线管理人员，指有权对下级进行直接指挥的行政管理者。他们与下级之间存在着领导隶属关系，是一种命令与服从的职权关系。直线管理人员的主要职能是决策和指挥。直线管理人员主要指组织等级链中的各级主管，即综合管理者。例如，企业中的总经理-部门经理-班组长，他们是典型的直线人员，主要是由他们组成组织的等级链。

参谋人员，指对上级提供咨询、建议，对下级进行专业指导的行政管理者。他们与上级的关系是一种参谋、顾问与主管领导的关系，与下级是一种非领导隶属的专业指导关系。他们的主要职能是咨询、建议和指导。参谋人员通常是各级职能管理者。直线人员与参谋人员，是依职权关系进行的区分，是相对于职权作用对象而言的，在行政管理工作中两者经常转化。

（二）高校行政管理的作用

各高校得以进行教育和科学研究的首要条件就是高校行政管理的实施，而各高校的行政管理在其管理体系中起着最基础的作用，而在管理系统中，最为突出的就是指导调节和约束功能。如果将各高校的教育行政管理剔除，就会导致各高校在教育职能中出现很多问题，教学和科学研究也没法正常进行，各种工作会停滞，整个高校将会出现教学质量下降、科研成果减少等一系列的问题。所以，我们要保障好、协调好、激励好高校行政管理的发展与改革。

（1）各高校的行政管理工作的保障性，主要表现在高校行政管理的服务性功能上。各高校的行政管理工作涉及整个高校的运转，几乎各高校的所有事宜都离不开行政管理。即使是一件微不足道的事情，如果管理上出现问题，也会导致全局出现问题，进而阻碍工作的进展，降低工作效率。所以，要想切实保障各高校的行政管理的发展与改革，对于各高校的行政管理工作来讲，就是要积极地发挥好其服务性的功能，将它的服务性功能运用到工作中，处理好各种关系。

（2）各高校的最主要目标就是为国家培养人才，而高校必须通过对大学生进行教学、管理和服务来实现这一目标。而高校对大学生进行教学、管理和服务，离不开高校各部门的协调运转，各部门之间由于具有较大的差异性，难免出现各种不协调的情况。这时各高校的行政管理部门就要切实地发挥自己的作用，认真地处理好各部门之间的关系。各高校的行政管理人员，在其行政工作中，一定要树立教学和科研服务的理念，把高校的行政管理工作做到位，最终实现高校行政管理水平的提高。

（3）关于激励各大高校进行行政管理的发展与改革，首先，国家要给予大力的支持，做各高校强劲的后盾；其次，各高校自身也要做好宣传工作，使教职员工和学生支持行政管理工作。

对于各高校的行政管理工作来讲，它的最大作用就在于监督和检查学校内部各部门及其员工的工作情况。各高校的行政管理工作在一定程度上，应将绩效考评加入其中，这样才能提高管理工作的效率。

(三)高校行政管理的内容

各高校的行政管理内容主要包括以下三方面：

1. 协调好学术与行政之间的关系

各高校在行政管理上，存在着许多的问题，最为突出的是高校中的行政权力和学术权力之间的关系问题。而各高校的行政管理人员要想充分地解决此问题，就要对各高校的行政人员和学术人员进行剖析，妥善地处理好行政管理的高层和执行人员与教师、教授和学生之间的关系。

2. 协调好部门与其功能之间的关系

协调好部门与其功能之间的关系是高校做好行政管理的关键。各高校一定要注意这个问题：各高校的行政管理部门的功能不能重复，功能的制定要具有科学性和合理性，功能要和他们的岗位相符合。所以，要切实地处理好各行政管理部门与其功能之间的关系。

3. 协调好职员结构与改革管理之间的关系

协调好高校的职员结构与改革管理之间的关系，通常可以说就是对高校的行政管理人员和改革管理的具体措施进行深入的了解。各高校的行政管理改革，通常离不开对行政管理人员队伍进行改革。如果行政管理人员的队伍过于庞大，在管理中，就会出现很多的问题，甚至出现管理停滞的现象。所以，整个高校的行政管理队伍结构越精练，职能分配越清楚，行政管理就越能达到预期的效果，就越能激发行政管理人员的斗志。

(四)高校行政管理的职能

各高校的行政管理职能可以大体分为统治职能、社会服务职能和社会管理职能。

（1）统治职能。各高校的行政管理的统治职能是，各高校要以国家下发的各项教育方针政策为依据来进行教学。

（2）社会服务职能。社会服务职能体现在，行政管理组织按照各项规章制度来组织高校的非行政人员进行教学和科学研究等行为。行政管理人员要处理好各种问题，全方位地使高校的各个教职员工都能在自己的岗位上勤劳奋斗和爱岗敬业，最后实现高校的预期目标。

（3）社会管理职能。社会管理职能主要表现在，行政管理人员通过履行具体的管理职责，能够对高校的教职员工进行正确的规范性的指导。

上述职能的决定性在于我国的社会主义性质，对于我国各高校在教学和科研方面起到重要的作用。各高校的行政管理职能能对各高校的教学起到保障作用，所以，要在拥护高校行政管理职能的基础上，还要随着社会的发展和变化不断地完善和创新各高校的行政管理职能，只有这样，各高校的教育水平才能得到提高。

（五）高校行政管理的机制

要想充分发挥各高校的行政管理职能，首要问题就是要不断地对运行机制进行创新和改革。这就要求各高校要有一个良好的运行机制来对其工作进行保障，这样才能够使各高校的行政管理人员得以安稳工作，才能更好调动行政人员的积极性。总体而言，各高校的行政管理运行机制包括决策机制、竞争机制和动力机制三点。

（1）决策机制。高校要做到科学与民主的统一，高校只有拥有良好的决策机制，做好科学与民主的统一方能在行政管理过程中做出最合适的行政决策，才能最大限度地保障高校行政管理的合理运行。

（2）竞争机制。竞争机制是各高校行政管理机制中的一个必不可缺的重要机制，而竞争机制的建立，主要体现在教学水平和高校师资队伍的管理上，体现在教学与科学研究上，后勤保障等方面也有明显的体现。市场经济的重要法则之一就是竞争。高校行政管理引入竞争机制，对于行政管理人员的创造性和主观能动性的发挥起到了重要的督促作用，这有利于提高高校行政管理工作的效率。

（3）动力机制。高校行政管理的动力机制，包括其内在的吸引力，外界的压力与吸引力。其中，吸引力包含了各高校在其硬件设备上对外界的吸引力因素，包括各高校的办学条件、校园环境、办学历史和学术氛围等。各高校只有具备了吸引力，才能形成能动力和向心力。就目前的各高校现状来讲，各高校的行政管理人员和教职员工的价值观是各个高校在前进上的动力所在。有着一个良好的内在动力，方能使他们保持一个良好的工作状态。而外界的压力又主要包含了高校在社会上的口碑、国家对其的重视程度、各高校的教育目标等。

二、高校行政管理改革及其措施

（一）高校行政管理改革的需要

（1）高校提高自主办学能力的需要。我国目前的高等教育行政管理体制受以前的计划经济体制的影响较大，在进行行政管理时，任何事物，不论大小，都要接受统一的管理，长此以往，就会严重限制高校办学的自主性。因为长期依赖于政府的管理、领导，甚至是学校发展方针的制定和资金的使用，高校因为由国家指导，所以，不用对自身的发展投入太大的精力，对学校办学质量的关注度也会降低。为了提高高校的自主办学能力，使其得到更好的发展，就需要对高等教育行政管理体制进行改革，划清权限范围，给予学校适当的办学自主权。

（2）高校培养浓厚学术氛围的需要。高校本身就是为国家培养人才，进行学术研究、科学发明的地方，为了保证高校办学的纯洁性，为国家输送更高质量的人才，就需要对现在的高等教育行政管理体制进行改革，营造浓厚的学术氛围。

（3）高校适应市场经济发展的需要。市场经济的需求，随着时间的推移不断发生变化，高校只有具备对市场变化的适应能力，才能够得以立足和稳定发展。但是我国高等教育行政管理体制中由于长期受到中央集权管理模式的影响，不具备自主及时调整的能力，为了使高校能够适应市场经济的发展，就要对高等教育行政管理体制进行改革，对其提供帮助，为我国高等教育市场化的发展提供良好的发展空间和支持。

（二）高校行政管理改革的依据

以发展为主题，以结构调整为主线，以政府部门放权和管理体制创新为动力，以提高办学质量为出发点，是当下高等教育改革的主要特征。高等教育体制和运行机制正从适应计划经济转变为适应市场经济，资源配置正从政府主导型的计划配置转变为政府在宏观指导下让市场发挥调节作用；教育政策越来越体现公平与效率的统一；人才培养规格和模式日益多样化；教育在促进思想道德观念更新、社会进步方面的作用越来越大。建立现代大学制度是当前高等教育改革深化的必然要求，也是内部改革的外在动因。

随着高等教育改革重心的逐步下移，高等学校本身在改革中的地位已经越来越重要。教育的改革必定经历一个从系统的、宏观的层面转向学校层面的过程。这种转向是高等教育本身的使命和功能决定的，因为人的培养毕竟是由学校承担的。随着高校办学自主权的落实，高校的办学规模普遍在扩大，内部管理活动的独立性和重要性也日益显现。

高校在许多方面的权力越来越大。如学校的发展计划和目标的制订与落实；学校财政和资源的自主筹措、运作和分配；办学质量的控制；体制的创新与发展；公共关系的开拓与发展；教职员工与学生的沟通；围绕办学工作的管理与服务等重大问题上。革除高校内部的种种不适应症，建立起具有自我发展、自我约束、精简高效的内部运行机制是建立现代大学制度的微观基础，也是内部管理体制改革的目标。这是来自高校内部的直接动因。

大学作为学术性的文化机构，具有组织的一般特点，又在管理制度和管理模式上有其鲜明而复杂的特征。由于学术活动的"自然模糊性"特点，大学的组织目标很难设定得具体明确。大学也很难像一般社会组织一样严格按照理性管理原则去实现效率的最大化。这种模糊特征决定了大学的管理是追求建立一个有效率的、灵活的创新型管理制度和运行机制。这种模糊特征也表明做好大学的管理工作是相当有难度的。作为规模庞大、职能众多的知识型组织，大学的事务正变得越来越复杂。现代信息技术的发展，又极大地改变了学校管理的职能和模式。大学的管理职能已经由"传统性学术田园的守望者"转变为"创新性企业型大学的开拓者"，管理在大学的生存与发展中的作用越来越重要。加强管理，向管理要效率、要质量、要效益是高校生存发展的根本大计。

（三）高校行政管理改革的意义

1. 适应新的社会形势的需要。作为知识创新和高层次人才培养的重要基地，高校的社会地位在不断提升，社会影响力在不断扩大。高等教育事业迅速发展，高校间的竞争也就随之异常激烈，在我国持续发展的今天，面对新的形势和要求，管理的改革和创新已经被各大高校提上日程，而行政管理作为配置高校教学资源、人力资源等诸多有形、无形资源的核心，其改革和创新更是势在必行。高校只有切实转变观念，更新手段，不断推进行政管理体制的改革和创新，才能适应新的社会形势，才能满足新时期发展的需要。

2. 保证高校的改革发展顺利进行的需要。高等教育行政管理体制对高校的改革发展具有保障、协调、参谋、激励等作用。高校日常运转的方方面面，若是出现纰漏很有可能关系到高校的全局工作，影响高校的改革发展。行政管理的作用就是通过服务，处理好不同部门之间的关系，通过建立完善的监督检查机制，针对不同部门和个人制定不同的督办要求，督促高校内部各个部门认真、及时完成任务，并积极向有关部门提出发展意见，促进高校各项工作的顺利进行。

3. 高等教育改革深入的必然要求。高等教育改革的深入也带来了不少新问题，行政管理作为高校建设的软环境，必须担负起其对教育改革顺利完成的一份责任。高校基础设施建设、师资建设、学科建设、教学改革、人才培养等各个方面，怎样扬长避短，发挥优势，是高校行政管理需要把握的方向性问题。高校若要提高办学效益，就要加强行政管理，对管理理念、技能和手段等均进行创新，实施科学的管理。

4. 高校正常运营的需要。虽然相对于高校教育、科研活动而言，行政管理工作在高校中是辅助性的工作，但却是不可或缺的一部分。高校行政管理主要是协调学校的行政管理领导、具体的执行人员与高校教师及学生之间的关系，高校行政管理部门服务于教学、科研等基本工作，与高校的学术管理相辅相成，共同构成高校的内部事务。同时，高校行政管理部门还是社会各界认识高校、了解高校的重要渠道。

（四）高校行政管理改革的目标

加速推进和全面深化我国现行的高校管理体制改革，既是当前我们所面临的一件十分重要且紧迫的任务，又是一项异常复杂和艰巨的工作。深化我国高校管理体制改革的目的在于更好地适应正在不断变革的社会经济环境，同时，也只有不断地改变各种相关的社会经济条件和环境，才能进一步深化高校管理体制改革。从当前我国各项改革的实际进程和状况来看，在实现新旧体制转轨转型的过程中，依然面临着一系列的改革难题和障碍，只有排除这些改革障碍，解决这些难题，才能实现既定的改革目标。

1. 切实实行党政分开，明确各自职责，加快学校领导干部的任命机制改革。改革高校领导单一的委任制，全面实行聘任制、任期制。在实行聘任制的过程中，要建立相应的约束机制，选拔过程要公开，由教师代表大会、工会代表大会、教授委员会等组成考察委员会负责选拔与监督，要举行一定范围的公开答辩，接受教职员工的质询。

2. 理顺学校内部学术权力与行政权力的关系。建立教授委员会等组织，广泛吸收学术人士参与决策和管理，充分发挥高等学校的学术权力在决策管理中的作用。学术权力和行政权力在高校中都有其存在的必要性和局限性,两种权力不能互相替代。但从我国目前的高校现状来看,学术权力应处于主导地位。这不仅是因为在现行的高校结构中,行政权力居于主导地位,甚至还有掩盖学术权力的趋向,更重要的是,高校的教学、科研和社会服务,都是具有独立性和创造性特点的知识活动,并且基本上是以学科为基地展开的,只有从事这些活动的专家对于这些事物才有最权威的发言权。当然,提倡以学术权力为主导并不是不重视行政权力的作用,两者的有效整合是处理权力结构的关键。

3. 转变管理理念,树立经营学校的理念。一切改革,必须观念先行,没有观念的转变,就不可能有行动的解放。在社会大转型和大变革的时代,高校必须及时调整自己的办学理念和管理理念,积极吸收借鉴先进经验,创新自己的管理思想。高校与社会日渐紧密的联系使得高校社会化的进程加快。高校投融资体制的转变,社会化办学的影响,高等教育产业的日渐深入发展,都迫切需要高校遵循教育发展规律和市场发展规律,以经营学校的理念来指导学校的管理工作,不断增强自己的办学实力,从而更好地为教学、科研服务。

4. 加快高校管理职能调整和机构改革进程。在知识经济时代,高校管理内容多样化,管理需求多元化。高校要及时调整自己的管理职能,明确哪些是自己必须管的,哪些是不必管的,哪些是可以委托管理的,从而把学校的主要精力放在学校的发展大局上,并根据自己职能的变化,适时进行相应的管理机构改革,提高管理效益和效率。

5. 加强高校人事分配制度改革。现在都讲核心竞争力,核心、竞争力这两个概念来自最新的企业管理理念,企业的竞争不仅是产品的竞争,还表现为企业内部群体创新能力的竞争,是人才的竞争。大学的核心竞争力在于师资,而管理则可以充分释放师资的潜能。传统的人事分配制度平均主义严重,大锅饭倾向突出,不利于人才才能的发挥。要通过人事分配制度改革,引进竞争机制,实现人才的合理分流与利益的合理分配,提高教职员工待遇。充分调动广大教职员工的积极性,使其充分发挥他们的聪明才智,形成强大的学校竞争力。在改革中,要结合高校的特殊情况和特殊地位,实行科学、合理的改革方法,可以减员增效,也可以增员增效,不能把一切负担推向社会。

总而言之,人事分配制度改革是我国高等教育行政管理体制改革过程中所面临的又一个重大难题,它必然会遇到较大的改革阻力,需要我们在制定政策的过程中,走科学化、民主化、理论联系实际之路,积极、稳妥、有序地推进改革。

6. 加快高校管理方式和管理手段的转变。在高校管理对象复杂化、管理内容多样化、管理需求多元化的今天,高校要积极创新传统管理模式,引入市场管理理念和手段。要加强自身与社会的联系,尽快建立与完善高等学校与社会相互合作的有效机制。完善中介组织,发挥中介组织的作用。在当今社会中,必须依靠各种中介组织的各种功能,如桥梁作用、缓冲作用、服务作用、监督作用、资源配置作用来降低交易成本。

7. 完善高等学校内部的各项规章制度和加强组织建设。制定完善大学章程,组建教代会、工代会、教授委员会等学术组织和职工权益组织，并切实赋予相应职权，让其充分发挥作用，在重大问题上能够起决定作用。高校要加强对各系统及各组织行为的有效规范，特别是在自主权不断扩大的过程中，需要尽快建立完善的自我约束机制，在政府的宏观管理下，自身能够实现有效的管理和运行，保证各项职能充分协调地发挥。在建立相应的约束机制后，规范比较健全的情况下，一些管理领域可逐步向管理工作专业化、职业化方向发展。如后勤服务工作、学生管理工作、科技服务工作等。

（五）高校行政管理改革的路径

1. 借助宏观调控推动高校自主办学。国家在这方面也做出了许多尝试，如批准企业能够和高校一起联合办学；扩大了高校自主办学的权利等。虽然高校的自主性和能力在不断地得到开发，但是有很多事情是学校控制不好的，这时就需要政府进行辅助帮忙。学校和政府之间要不断地协调和磨合，逐渐明确各自的职权范围，明确政府和高等院校之间的关系，高校要借助政府宏观调控的力量，推动自主办学能力的提高。

2. 营造浓厚的学术氛围。只有淡化高校内部的官僚之风，增强和加大对学术的重视程度和投入力度，才能够促使学者投身于学术的研究和人才的培养之中，完成高校的任务。首先，高校行政管理人员需要改变工作理念，认清自己所在职位的职务，自己需要做的工作，理解高等教育的宗旨和目的；其次，要有相对应的法律和制度规范，对领导机制以及行政管理体制的实行、行政管理人员的管理工作进行监督以保证行政管理工作的正常运行；最后，加大和增强对学术的投入力度和重视程度，把学术权力放在中心的位置，引导资深的学者参与学校的行政管理，实现重视学术的良性循环。

3. 配套相关制度，推动管理体制改革。高等教育行政管理体制的改革，只有放在良好的社会环境下才能够正常的进行并取得成果，如果没有良好的改革环境，就会使行政管理体制改革的难度加大，改革受阻。因此，必须做到国家法律法规的大力支持，从国家的角度为高等教育行政管理体制的改革提供支持，在国家的范围内为改革提供保障；除此之外，在高校内部，也要根据国家的要求，结合本院校的实际情况，建立合理的行政管理体制，以及与之配套的监督机制、奖惩机制和检查机制，实现高校内部规定与国家法律制度的一致。

（六）高校行政管理改革的措施

高校行政管理改革的措施如下（图4-1）：

1. 协调行政管理与学术管理之间的关系

行政管理和学术管理交织构成大学独有的管理结构，共同为大学目标的实现而服务。正是由于两个系统协调互动的需要，对二者的关系进行有针对性的协调就显得尤为重要，可以保证问题得到建设性的解决，可以提高决策的科学性、合理性，防止资源浪费、学校偏离发展目标。要协调好二者之间的关系，就必须从管理体制、组织结构设置以及制度建设着手：设置相应的机构，制定必要的工作程序，将集体管理与个人负责结合起来，依靠体制和制度使学术管理和行政管理规范化；对如经费使用决策权等权限进行严格规定和划分，提高高校中专家学者等在学术管理中的地位，防止管理中心向行政系统偏移等现象的发生；通过审议、咨询、联席会议等方式协调两种管理之间的冲突，保证高校内部学术管理与行政管理的目标与学校的整体目标相一致；充分发挥教师在两种管理中的作用，在对教学计划、课程设置、授课内容等的安排上，教师应有自主权，在决定学科发展与走向等事务上也应占有一席之地。

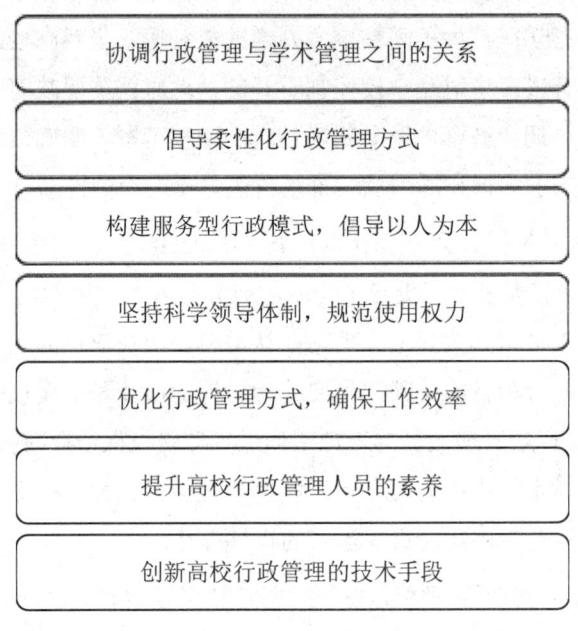

图 4-1 高校行政管理改革的措施

2. 倡导柔性化行政管理方式

将柔性管理理论应用于高校行政管理，不仅能调动相关人员的积极性、主动性，还能加强行政管理者与学术人员之间的沟通与交流，促进学校管理目标的实现。倡导柔性化行政管理需要做到：第一，要树立民主的管理理念，增强师生的民主参与意识，建立并完善师生参与学校管理的各种决策和咨询机构，培养广大师生的主人翁意识和责任感，注重对人的情感感化，发挥柔性管理对内心的激励作用，促进和谐校园的建设。第二，要时刻关注广大师生的情感需求，保证情感的凝聚作用能够发挥得淋漓尽致。柔性管理以人为中心，以尊重、理解人为前提，以被管理者能够在融洽的氛围中主动学习、工作为宗旨。高校行政管理若是能够拥有这样的爱人之心，就一定能形成强大的亲和力和凝聚力。第三，加强各部门人员之间的沟通与协作，形成向心力，保证高校的整体运行处在一个良好的人际关系基础之上。

3. 构建服务型行政模式，倡导以人为本

在我国高等院校内构建"服务型行政模式"是非常必要的，这就要求高校行政管理人员不仅要有较高的科学文化水平和丰富的行政管理经验，还要有较好的思想道德品质，只有这样，行政管理人员在工作中才能时刻贯彻为人民服务的宗旨，才能将学生、职工和教师的利益放在首位，才能将高校行政管理工作不断地推向新的高度。

4. 坚持科学领导体制，规范使用权力

为了加强行政管理的服务职能，就必须坚持"党委领导下的校长负责制"的高校领导体制。在高校内部系统中，党委领导是高校的核心，党委工作是高校全局工作的中心，只有校长切实执行党委的决定，全校的工作才能开展，高校的发展方向才能坚持。另外，需要建立和健全各项规章制度，以规章制度为高校行政管理的依据和准绳，促进管理人员依章履行职责，保证高校工作的顺利开展。

5. 优化行政管理方式，确保工作效率

对高校的行政管理人员来讲，更多的应该关注办学后产生的社会效果，应将之前的以传统办学条件为主的观念转变为以社会效果为主的观念。高校的行政管理工作，不能只注重表面的教学管理，还应该更加注重教学管理质量，要不断地摒弃旧的思想观念，尽快找到新的管理定位。与此同时，高校要引进内部竞争机制，不断地优胜劣汰，根据不同的岗位来对工作人员进行考评，并采取优劳优酬的方式分配薪水和奖励，以达到优化管理方式、确保工作效率的目的，具体操作措施如下：

（1）建立考评体系，强化管理职责。在各高校的行政管理工作中，考核作为一个重要的管理机制，它是检验工作成果的重要手段。要想提高考核的质量，就要因地制宜地制定一个较为完善和全面的考核机制。各高校内部还要为考核评价的体系，创造一个公平、公正和公开的实行环境，这样才能使工作人员心服口服，也能为高校培养大量的在行政管理方面的人才。为了提升高校的整体实力，高校应在各部门积极配合的情况下，合理地合并或者撤销部分重复的部门，实现人员的优化配置。

（2）科学规划岗位，完善晋升制度。各高校在设置行政管理岗位时，首先要考虑部门的职能和工作的难易程度。此外，就是要考虑岗位与晋升的关系，高校的行政管理人员，只有在晋升的面前，才能够更好地为高校服务，发挥其主观能动性和创造性，想方设法提高自己的综合素质。只要认真地做好岗位与晋升的关系，就可以稳定行政管理队伍，促进科学管理的快速发展。各高校还应该对相应的行政岗位进行监管，以一个明确的评判标准来对各岗位进行评判或赏罚。而这些评判的标准应该包含的要素为：工作目标、工作职责、工作特点、任职资格、工作权限、责任风险和核心技能等。

（3）引进激励机制，努力实现各阶层发展机会的平等。就目前高校的现状而言，可

以将高校教育行政管理体制分为两种类型,即静态型与动态型。静态型管理机制是相同的奖赏和惩罚同时运用到高校不同阶层的行政管理中去。而所谓的动态管理机制,就是按照一定的评判标准,对高校行政管理人员进行评判,评判标准包括工作成绩和工作效果。从定义可以看出,动态型的管理机制,能够使高校的行政管理人员的需求得到满足,还能够激发他们的主动性和创造性。各个地方的高等院校都已经在管理机制上采用了动态的管理机制。

为了有效地保障这种动态型的管理机制,就需要量化指标,还需要有一个较好的操作环境,来对高校的行政管理人员进行具体的评判。以上几点还不够,还需要为他们确立一个定性指标,把目标考核与组织评议放在一起进行评判,评判的时候需要考虑全面,要考虑高校行政管理人员的岗位职责和对岗位或高校的贡献大小等一系列因素。在评判过后,实行按劳取酬多劳多酬和优劳优酬。运行这样的岗位激励机制,才能使高校行政管理人员中的高水平人才凸显出来。对于那些没有业绩或业绩不好的,应该给予批评和惩罚,而对于那些在行政管理岗位上长时间业绩不好或业绩不明显的人应该将其淘汰,只有这样才能最大限度地优化组织结构。

6. 提升高校行政管理人员的素养

要进一步加强管理队伍的专业化建设,提升管理人员的素养。高校可以通过统一的院校知识培训,使行政管理人员具有一定的风险预见能力、应变能力、信息收集处理能力。另外,还可以建立行政管理人员与院校研究人员的经常性交流机制,采取论坛、讲座等方式,确保每一次交流有深度、有目标、有方向。高校在决策过程中,要吸引院校优秀研究人才参加讨论,重视他们的观点和有关设计,同时努力引导行政管理人员掌握新的服务技术,以新思路、新举措创造性地完成高校行政管理体制改革的任务。

7. 创新高校行政管理的技术手段

技术创新既可以加快信息传递速度,简化管理程序,缩短管理流程,提高管理效率,又可以降低信息失真的风险,增强信息的真实性、可靠性。先进的信息技术与高校行政管理的有机结合,会使行政管理方式和思维方式都有所改变,既能为高校带来直接的经济效益,又能增强高校的社会竞争力。高校需要通过建立各种实用数据库,提高信息的共享性、流通性,为行政管理工作提供一个科学开放的信息平台。

总而言之,高等教育行政管理体制的改革与创新并不是一朝一夕就能完成的,它是一项复杂且艰巨的任务。因此,推行行政管理体制的改革与创新,必须树立正确的工作目标,并长期坚持,不断思考研究,深入实践,只有这样才能科学有效地做好高校的行政管理工作,推动我国高等教育事业的蓬勃发展。

第二节 高校行政管理人员的专业化建设

一、高校行政管理人员专业化建设的意义

随着经济的逐步发展和社会进程的不断加快，我国的高等教育事业目前已经取得了很大程度的发展，而高等教育事业的发展必然又会对高等院校的管理体制及管理机构提出更高要求。因此，在自身发展的过程中，如何使我国的高等教育向普及型教育转变，如何进一步加强高校行政管理员工的素质和专业化建设，就显得十分重要。

（一）高校行政管理人员专业化建设的重要性

1. 高等院校的规范化管理以及管理制度的创新需要对其管理人员的素质进行专业化建设及加强。高等院校的行政人员及管理人员目前是高等教育资源，以及辅助教育资源的组织、调和、监管、使用和控制者。管理人员的素质如何、管理水平如何，将直接影响打破高等院校教育资源的使用及配置，并会对高等院校的进一步改革与发展起着不可估量的作用。在目前快速发展的时代，信息技术得到了迅速的发展，经济国际化进程进一步加快、大众化教育即将席卷全球，因此，高等院校既要向科学管理的方向转变，又要对传统的教育管理模式进行深化改革，对管理体制和管理制度进行创新，这必然要求对高等院校行政管理人员的素质进行专业化建设和加强。

2. 高效率的高等教育服务需要对其管理人员的素质进行专业化建设及加强。目前，高等院校的教育投资体制已经发生了改变，大学生要求缴费上学，高等院校要根据社会和大学生的具体要求来提供相关的教育服务。因此，大学生既是高等教育的消费者，也是高等教育的产品。高等教育办得是否优秀，主要要看大学生能否在高校里得到高素质的发展，以及大学生对接受高等教育过程的满意程度。因此，随着高等院校教育普及化进程的不断加快，国家对高等教育的需求呈现出复杂化、多样性的趋势，大学生可以自主选择高等院校，高等院校之间的相互竞争也将会呈现越来越激烈的趋势。由此可见，优质的高等教育服务是吸引大学生生源的关键之本，高等院校必须为消费者提供最高效的高等教育服务，这是高等院校持续发展的最根本途径。

3. 高等院校的高效率的"经营"需对其管理员工的素质进行专业化加强。高等院校具有法人资格，也就是具有面向社会体系依法自主办学的资格。学校作为一个明确的法人实体，必然要对其各个体制进行管理经营化。学会如何经营已经成为目前高等院校的一种重要的趋势。教育经营化，说白了也就是如何运用一些现代的、流行的产业管理制度和运行机制，来进一步加快高等院校教育管理体制的改革，以达到使高等院校的各项建设都是

依靠社会的力量、依靠市场的需求，而不是依靠政府的相关推动作用。高等院校就是要以市场需求为导向，学会面向社会，依法走自主办学的道路、走自身不断积累、自身不断发展的道路。

4. 依法治校和依法管理需要加强行政管理人员专业化建设。高等院校是具有独立法人机构的单位体系，它依法享有在行政方面的自主权，实现其在办学进程中对自身的约束和管理。那么其行政管理工作的法制化，就必然要求高等院校所制定的每一项规章管理制度都要与国家相关的法律和法规相匹配，这样才能在高等院校办学的过程中充分实现管理机构、管理体制的相容性、不间断性、牢固性，以充分保障高等院校的办学管理秩序、教学管理秩序以及科研管理秩序的正常化维持及开展。以上这些内容，必然对高等院校管理人员的基本素质提出了特别高的要求，因此，我们必然要对其行政管理员工的专业化素质进行建设和加强。

（二）高校行政管理人员专业化建设的必要性

高等教育的普及化、全球化，甚至包括其内部结构的复杂程度，必然要进一步对高等院校行政管理人员的专业化建设进行加强。高校行政管理人员专业化是高等教育由精英教育向大众化阶段、普及化阶段过渡过程中的必然选择。

1. 高校行政管理人员专业化是高等院校迈进国际化进程的一部分。随着国际经济的迅速发展，高等教育迈进国际化的进程也势必加快。高等教育的国际化开放已经是一种不可更改的必然趋势。高等院校的国际化建设对于我国高等院校的发展而言，既是一种难得的机遇，又是一个严峻的挑战。

2. 高等院校行政人员的专业化建设是实现改革管理体制的必然要求。多年来，高等院校全面展开了内部管理体制的改革，一是对管理机构的编制进行了大规模的精简，以及在人员转岗分流方面进行了专业化的改革；二是在用人制度的改革，岗位职责的强化等方面，从整体上消除了因人设岗、浪费资源、耽误效益的问题；三是在分配制度的改革方面，尽量拉开高等院校行政管理人员的收入差距，实行多劳动、多收入、高效率劳动、高效率回报；四是在高等院校管理体制改革的深化方面，调整传统的结构体系，促使管理体制的重心下移；五是对后勤社会化方面，通过一系列的有效措施，如政府引导等，使高校后勤领域的管理体制进行规范的分离，逐步实现后勤管理的社会化、市场化以及专业化，从而在根本上就高等院校办后勤、高等院校办社会的问题进行深化改革。以上五个方面的问题最终能否得到解决，都必然要求以高等院校管理队伍的专业化建设为基础。

二、高校行政管理人员专业化建设的策略

高校行政管理人员专业化建设的策略包括以下内容（图4-2）：

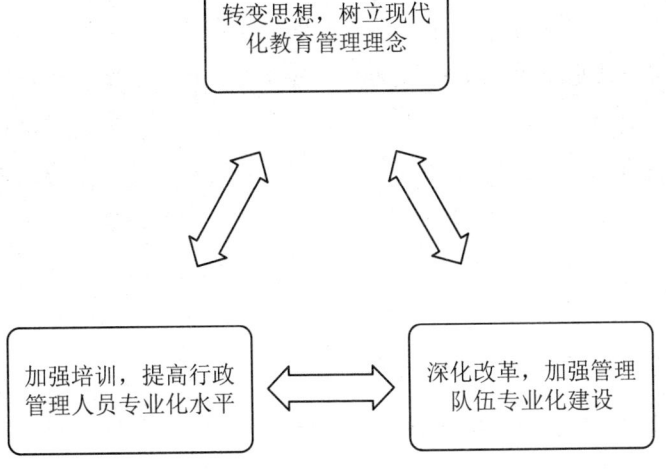

图 4-2 高校行政管理人员专业化建设的策略

(一) 转变思想,树立现代化教育管理理念

加快高校行政管理人员专业化建设的前提应该是坚持树立科学、正确的高校管理思想,体现高校与义务教育的区别,坚持转变管理理念以及思想观念,行政管理人员一定要对自身的工作职责以及目标具有准确的定位。一定要加强专业化的培训管理工作,进一步深化改革,完善并加强制度建设,为高校行政管理工作提供可靠保证。

观念先于行为并指导行为,倘若想要提高教育管理水平以及办学的综合效益,那么就一定要改变传统的思想观念以及思想意识,进一步提高对教育管理工作的认识以及专业化的重视,树立科学的管理理念以及思想意识。为了进一步促进我国教育管理事业健康发展,早日实现进入世界一流水平的目标,一定要建立正确、科学的管理思想。建立科学的教育管理思想需要注意以下关系:

1. 管理和服务的关系,管理不仅是指挥以及为人们提供服务。因为管理与服务本来就是互相矛盾的事务,但两者又存在辩证统一的关系。如果服务工作做得令人满意,那么这将会对管理工作起到正面的、积极的作用,因此,科学有效的管理实际上自身就是很好的服务行为。

2. 科学管理与经验管理的关系,我国的教育规模变得越来越大,文化普及程度也逐渐提高,高校与社会的联系也变得更加紧密,如果在这个日新月异的时代仍然凭着经验进行管理,那么我国的教育事业将很难对社会的变化做出非常灵敏的反应,也不能预测阻力的发生。因此,教育行政管理人员应该铭记科学管理,让管理出效益、出成果,管理就是教育的生产力,管理也是一门艺术。

(二) 深化改革,加强管理队伍专业化建设

教育管理的相关工作者应该严格把控"入口关",加强行政队伍的专业化建设。在现

有的管理团队中可以选派一些既具有较高学术造诣又具有管理和组织能力的业务骨干，将他们设置在学术性的管理工作岗位中。教育管理工作人员中，有些人员有志在行政管理工作中大展宏图，具有很强的责任心、较强的业务能力、较强的综合管理能力，善于协调各方面的行政事务，具有科学的管理思想，善于学习充实自身，努力提高这些人的政治素养以及思想觉悟，将有利于以后行政管理工作的开展。教育管理一定要按教育的规律办事，将有先进教育思想、丰富行政管理经验的人才培养成学术型管理人才。对热忱于教育行政事务的人才，为他们提供良好的发展平台，并将其列为重点培养对象。对于长期从事行政管理工作的企业家或者经济师等，可以将他们安排在与行政管理工作相近的岗位，这将会有助于改变教育机构效率不高、故步自封的现象。

（三）加强培训，提高行政管理人员专业化水平

依据管理人员的发展方向进行有目的的培养，只有这样管理工作才会更具有成效。对在校的行政管理人员进行脱产学习与实际不相符，因此，施行校本培训是最佳的选择方案。而且校本培训可以更具有针对性，根据本校行政管理工作的实际需要进行培训，由学校的人事等相关部门进行策划，可以外聘培训机构的人员，要讲究培训课程、培训方式的专业化，目的是提高行政管理人员的专业化水平。高校应该加强对专业化的重视程度，完善管理制度，改进管理理念，提高管理技术，科学运用管理方法，从而提高行政管理人员的专业化水平。

第三节 大数据时代高校行政教育管理的建设

"行政管理作为高校管理的重要组成部分，其管理工作在大数据时代也迎来了新的挑战，如何落实行政信息化管理逐渐成为高校提高自身教育管理信息化水平的重要基础。"[①]

一、大数据时代下高校行政教育管理信息化建设的意义

随着近年来科学技术的不断发展和广泛应用，大数据已成为当前社会发展的最强辅助动力，在推动国民经济进一步发展的同时，也为行业的革新注入了新元素。高校作为人才培育的主要场所，高校管理一直以来受到了社会各界的高度关注，为此，加快高校学生管理信息化建设，用信息化管理取代传统管理模式，不仅有效地打破了传统管理的局限性，规避了传统管理问题的再次发生，与此同时，在促进高校综合发展以及提高学生综合竞争力等方面也发挥了重要作用，是全面有效落实管理工作的重要战略基础。

从客观上来讲，大数据技术能让高校行政管理工作从宏观转向微观、从群体转向个体，

---

① 刘奎汝：《解析大数据时代高校行政管理信息化建设》，《中外企业家》2020年第18期，第40页。

在一定程度上"用数据管理、用数据决策、用数据创新、用数据说话"模式的应用，不仅能提高高校行政管理工作质量和工作效率，此外，从某种意义上来讲，通过挖掘学生日常生活所产生的多元化信息数据对学生行为和思想进行全面化分析，还能加快高校数字化、科技化校园管理模式的实施进程，以此在深化高校管理信息效益的基础上，全面提升高校教育管理信息化水平，最终为预期管理目标的实现奠定良好的基础。

二、大数据时代下高校行政教育管理信息化建设的挑战

（一）行政信息化管理人员的信息化意识不强

就目前来看，高校行政管理作为高校管理的重要组成部分，其管理质量和管理效率与教育管理水平之间存在一定的内在联系，但从当前高校学生整体行政管理工作现状来看，由于管理人员信息化意识不强，在进行管理过程中仍采取传统的管理模式，拒绝围绕基础信息对学生进行规范管理，在影响行政信息化整体管理质量和管理效率的同时，也对学生全面发展造成了极为不利的影响。除此之外，在当前大数据时代背景下，虽然部分高校建立了信息化管理系统，打破了传统行政管理的局限性，但在实施过程中，由于管理人员未能从根本上将信息化管理模式主动投入管理工作中，学生数据的筹集以及统计工作难以有效落实，大数据技术应用优势难以充分发挥的同时，后期各部门的管理工作质量和效率也势必将受到一定影响。

（二）行政信息化管理人员综合素养有待提高

行政管理信息化建设人员作为高校行政管理信息化建设的主体，其自身专业能力和综合素养水平的高低，在一定程度上对高校行政信息化管理质量和效率具有直接影响，而从某方面来讲，随着近年来高校建设规模和数量的持续增加，部分高校为满足人员配置需求，不断地降低人员选拔标准，导致聘用的工作人员无论是专业能力还是综合素养，都难以满足高校行政管理工作开展的需求，在降低行政信息化管理工作效率的同时，教育管理水平也势必受到一定影响。在当前大数据时代下，部分高校行政信息化管理工作人员仍秉承着传统管理理念，在行政信息化管理工作中无法以大数据为视角制订具体发展方向和规划，长此以往，可能会给学生整体发展造成极为不利的影响。

三、大数据时代下高校行政教育管理信息化建设的策略

（一）建立健全完善的高校信息化教育管理平台

在当前大数据时代下，信息化管理逐渐取代传统人工管理，成为现阶段高校行政信息化管理的主要手段，但为从根本上确保行政信息化管理模式应用效益的最大化发挥，加快高校行政信息化管理平台的建设，是现阶段高校行政管理信息化建设工作的重中之重。信息管理平台的建设在一定程度上不仅能确保高校行政信息化管理工作落实到位，与此同时，也为高校各个部门之间的沟通创建了良好平台，最终在确保沟通有效性、及时性的基础上，

使教育管理系统处于创新活力的状态，以此在确保各项教育工作有效落实的同时，为预期管理目标的实现奠定良好基础。

在高校信息化教育管理平台建设过程中，为确保平台创建效益的最大化发挥，高校行政信息化管理部门工作人员在创建过程中，需始终秉承着"以学生为本"的建设思想，要站在高校学生角度上看待管理方面的问题，在确保各项管理工作有效落实的同时，为高校学生营造一个适合他们的学习生活氛围，最终为预期管理工作目标的实现奠定良好的基础，此外，在行政信息化管理平台构建过程中，行政管理部门还需结合高校自身情况，将网络教育活动的举办变为常态化教学内容，以此为后期高校行政信息化管理工作的开展奠定良好的基础。

（二）构建科学的行政信息化管理人员培训机制

高校行政信息化管理工作人员作为高校行政信息化管理的执行者，其自身专业能力和信息化意识水平的高低，在一定程度上对高校行政管理信息化建设工作的开展具有重要影响，因此，为从根本上确保管理信息化建设工作的顺利开展，构建科学完善的高校行政信息化管理人员培训机制，也是当前提高院校创新力、活力和竞争力的重要方法。在大数据时代背景下，为确保互联网与行政管理在创新和使用中的稳定性，高校需要从根本上提高人员选拔标准，在确保聘用工作人员无论是专业能力还是综合素养，都满足高校行政信息化管理工作有序开展需求的基础上，还需要加强专业技术人员的日常维修和调试工作能力，由此在提高教师数据运用能力和信息化意识的同时，为预期管理目标的实现奠定良好的基础。除此之外，在对信息化建设人员和管理人员培训过程中，前期高校需对建设和管理人员进行信息化系统的浅表培训，后期在日常工作中对他们进行更为系统的培训，在帮助他们养成自主学习意识的同时，为高校行政管理信息化建设工作的顺利实施奠定良好的基础。

（三）完善高校行政信息化管理工作的设备保障

高校在进行行政管理信息化建设过程中，管理工作设备的先进度对于行政信息化管理工作质量和效率也具有重要影响，因此，在当前高校行政信息化建设过程中，完善高校行政信息化管理工作设备也是高校行政管理信息化建设作业的重要工作内容。由于高校行政管理部门工作人员受传统管理理念以及管理模式根深蒂固的影响，对于新事物的接受能力相对较弱，在大数据时代下虽然高校加快了信息化系统的构建，但在后期行政信息化管理过程中，仍采取较为传统的管理设备，在影响后期各项工作开展质量的同时，也无法有效地确保学校机密信息安全，高校的整体发展也势必受到一定的影响。

在进行高校行政管理信息化建设过程中，高校的管理者须加强对学校内部信息化的建设，与此同时，为确保管理系统在网络使用高峰期的稳定性和安全性，行政管理信息化建设过程中，工作人员还须适时调整高校网络安全性和稳定性，在推进高校管理工作稳步进行的同时，也保证了学校机密信息的安全，此外，为促进高校各部门之间的信息共享，在进行信息管理系统设置时，还应该充分利用数据融合技术，以此来提高学校的行政管理工作效率。

总而言之，大数据时代的来临，给高校行政信息化管理工作带来新机遇，也使其面临着巨大挑战，而如何确保行政信息化水平的稳步提升，也成为现阶段高校行政管理信息化建设作业的重中之重，是提升院校创新力、活力和竞争力的重要战略基础。为此，在当前大数据时代下，要想确保信息化建设落实到位，建立健全完善的高校信息化管理平台、构建科学完善的高校行政信息化管理人员培训机制以及完善高校行政信息化管理工作设备，是保证学校在高速发展过程中维持行政管理稳定、推进院校整体发展的重要基础和根本前提。

第五章 大数据时代高校教育队伍管理工作

第一节 高校教师的教育管理能力及培养

一、高校教师的课堂管理能力及培养

课堂管理是教师为了保证课堂教学的顺利进行，协调、控制课堂中各种教学因素及其关系，如人与事、时间与空间等，使之形成一个有序的整体，促进学生积极参与教学活动，从而实现预定教学目标的过程。课堂管理是课堂教学过程的重要组成部分，是开展教学活动、完成教学任务、实现教学目标的保证。课堂管理和课堂纪律的意义不能等同，课堂管理比课堂纪律意义更广泛一些。课堂管理是管理学生课堂学习的教师行为和活动；而课堂纪律则是学生行为适当的标准，这些标准蕴含在课堂活动中，表现为指向性的任务。换言之，教师采取某些方法和措施来处理学生的行为问题，以减少它的存在。

（一）高校教师的课堂管理

1. 课堂管理的功能

课堂管理的功能主要包含以下方面，如图5-1所示。

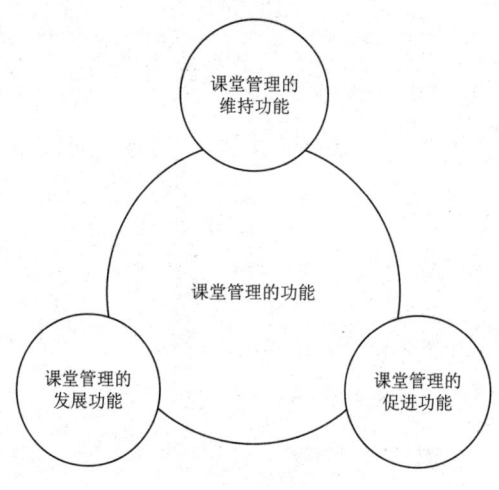

图 5-1 课堂管理的功能

（1）课堂管理的维持功能。课堂管理的维持功能是在课堂教学中持久地维持良好的内部环境，使学生的心理活动始终保持在课堂上，以保证教学任务的顺利完成。课堂管理的维持功能主要表现在：第一，课堂里随时可能发生突发事件，影响原有和谐的师生关系和学生关系，课堂管理有助于缓和与解决各种冲突，维持和谐人际关系；第二，课堂管理需要制定符合教学目标的课堂行为准则，有助于协调课堂教学步骤，维持课堂纪律；第三，课堂管理有利于维持良好的课堂气氛，从而帮助学生适应环境的变化；第四，课堂管理有助于调节课堂教学过程中的过度紧张和焦虑，维护身心，矫正问题行为。

（2）课堂管理的促进功能。课堂管理的促进功能是教师在课堂里创设对教学起促进作用的组织和良好的学习环境，满足课堂内个人和集体的合理需要，激励学生潜能的释放以促进学生的学习。课堂管理的促进功能通过四种途径来起作用：第一，协调好课堂内各种人际关系，形成尊师爱生、团结协作的师生关系和互帮互学、团结友爱的学生关系，师生朝着教学目标共同努力；第二，创造良好的课堂气氛，促进学生遵从课堂规范；第三，正确处理课堂中正式群体和非正式群体的关系，促进班集体结构的完善；第四，明确教学目标，使课堂活动朝着预定的目标前进。

（3）课堂管理的发展功能。课堂管理本身可以教给学生一些准则，促进学生从他律走向自律，帮助学生获得自我管理能力，使学生逐步走向成熟。课堂管理本身所具有的这种教育作用，就是课堂管理的发展功能。

2. 课堂管理的目标

课堂管理应促进学生的学习和发展，它的重要意义主要表现在它要实现的目标上：

（1）争取更多的时间用于学习。课堂管理的一个重要目标就是尽量争取更多的时间用于学习。学生的学习时间有限，学校对教学时间、自习时间、劳动时间、休息时间等都做了明文规定和安排，教师要在所规定的教学时间里为学生争取更多的学习时间。为学生争取更多的时间用于学习有直接和间接两种方法。第一，直接的方法与争取时间直接有关，重要的是教师不要无故旷课、不迟到早退、上课后尽快使学生安静下来等，这是学校对教师的起码要求；第二，间接的方法包括课堂管理的所有措施，如处理学生不良行为，这些措施都为学生争取了学习时间。

（2）争取更多的学生投入学习。每一个课堂活动都有自己的参与规则，这种在不同的活动中如何参与教学活动的规则通常被称为参与结构，它规定学生要成功参与某一个活动，就必须理解参与结构。为了使所有的学生都顺利投入学习活动，教师要确保每个学生都知道如何参与每一个具体的活动，使他们知道课堂教学的规则和期望是什么，与此同时，教师还要思考这些规则是否适合于学生等。

（3）帮助学习自我管理。任何课堂管理都有一个目标，就是帮助学生很好地管理自己。让学生对自己的课堂行为进行自我管理：第一，让学生更多地投入课堂规则的制定；第二，用较多的时间要求学生反思需要某些规则的原因以及他们产生不良行为的原因；第三，教师应当给学生机会考虑他们将怎么计划、监控和调节自己的行为；第四，教师可以要求学生回顾一下课堂规则，提一些必要的修改建议。

（二）高校教师课堂管理能力的培养

课堂管理包括课堂人际关系管理、课堂环境管理、课堂纪律管理等方面，课堂人际关系的管理是对课堂中的师生关系、同伴关系的管理，包括建立良好的师生关系、确立群体规范、营造和谐的同伴关系等；课堂环境管理是对课堂中的教学环境的管理，包括物理环境的安排、社会心理环境的营造等；课堂纪律管理是课堂行为规范、准则的制定与实施，应对学生的问题行为等活动。

1. 课堂人际关系管理

人际关系是人与人之间在相互交往过程中所形成的比较稳定的心理关系或心理距离，它的形成与变化，取决于交往双方满足需要的程度。积极的课堂以师生之间、学生之间五项原则的人际关系为前提。课堂管理的一项重要任务就是促进师生之间、学生之间形成良好的人际关系，为有效教学创造社会性条件。

（1）师生关系。师生关系是教师和学生在教育、教学过程中结成的相互关系，包括彼此所处的地位、作用和相互对待的态度等。师生关系既受教育活动规律的制约，又是一定历史阶段社会关系的反映。师生关系中最基本的表现形式是教育关系，这也是师生关系的核心。除了正式的教育关系，师生之间还有因情感的交流而形成的心理关系。与此同时，教育作为一种特殊的社会活动，折射着社会的一般伦理规范，反映着教育活动独特的伦理矛盾，因此，师生关系也表现为一种鲜明的伦理关系。师生之间的伦理关系是在教育教学活动中，教师与学生构成一个特殊的道德共同体，各自承担一定的伦理责任，履行一定的伦理义务。良好师生关系的建立需要师生共同努力，做到互相尊重、相互理解、密切交往、互相关怀以及真诚对话。

（2）同伴关系。同伴关系是在同学之间进行交往和相互作用的基础上建立起来的心理关系，它是除教师之外的班级成员间关系的总和，包括学生个体之间的关系、班级内的学生群体之间的关系以及学生群体与个体之间的关系。根据同学之间是相互吸引还是相互排斥，可将同伴关系分为友好型、疏远型与对立型。促进学生同伴关系可通过培养学生的交往技能，增加课堂教学交往活动，组织课外交往实践活动以及培养学生的亲社会行为等途径实现。

（3）班级群体。班级群体是由学生按照特定的目标和规范建立起来的集体。班级群体有正式群体和非正式群体之分：第一，正式群体是在高校行政部门、班主任或社会团体的领导下，按一定章程组成的学生群体，通常包括班委会、团支部等，负责组织开展全班性的活动；第二，非正式群体是在同伴交往过程中，一些学生自由结合、自发形成的小群体，其特点是人数较少，成员的性格、爱好基本一致，经常聚集在一起活动，制约性强，可塑性大。对于非正式群体的管理，教师需要清楚了解非正式群体的性质，对于积极的非正式群体给予鼓励和帮助；对于消极的非正式群体给予正确的引导和干预。

2. 课堂环境管理

课堂环境可以分为"硬环境"和"软环境"两个方面，其中，"硬环境"主要是课堂中的物理环境，如座位、光照、活动区域等；"软环境"主要是课堂中的社会心理环境，如课堂气氛、学习目标定向等。

（1）物理环境。课堂物理环境是课堂内的温度、色彩、空间大小、座位编排方式等时空环境和物质环境。

①座位的安排。座位安排有四种方式：分组式、剧院式、半圆式、矩形式。座位的编排方式对学生的课堂行为、学习态度、学习成绩、人际关系以及整个教学活动都有直接或间接的影响。为了发挥座位安排的积极作用，座位安排时应遵循的基本原则有：服务于教学的原则；定期变化原则；减少干扰原则。

②温度、光照和噪声。不合适的温度、光照和噪声往往会使学生产生消极的情绪反应，不能集中注意力，自我控制力下降。因此，在条件允许的情况下，应尽可能使教室的温度适中、光照适度，把噪声降到最低限度，使学生产生一种愉悦的感觉和积极的情绪，从而减少不良课堂行为。

③教室空间大小。教室空间大小对课堂教学的影响表现为两方面：一方面，狭窄的教室空间会让学生产生压抑感，影响学生学习时的情绪，也不利于教师在课堂上巡视或了解学生对教学的掌握情况；另一方面，教室空间过大，过于空旷，则不利于学生集中注意力，也会影响课堂教学的效果。

④课堂时间。课堂中的时间因素与学生在课堂中的学习行为及学业成就有着较为密切的关系，因而也是在课堂管理中不容忽视的重要内容。学生的学习时间可分为三种：名义时间、教学时间和学术时间。第一，名义时间是学校活动的时间总量，如一所学校每学期多少天，每天多少小时。在名义时间中，有的时间用于学科的教学活动，有的时间用于用餐、课间休息、集会等活动，这就是分配时间。第二，教学时间是教师将课堂活动的时间转换成建设性的学习活动时间。在教学时间中，学生专注于指定活动的实际时间，即专注时间。第三，学术时间是学生花费在学业任务上并取得成功的时间，它不包括学生听不懂或理解错误的时间。专注时间与学生学业成就存在着正相关，学术学习时间与学生的学业成就有相当稳定的正相关关系。

为了提高专注时间和学术时间的比率，课堂时间的优化管理策略包括：坚持时间效益观，最大限度地减少时间的损耗；把握最佳时域，优化教学过程；保持适度信息，提高知识的有效性；提高学生专注率，增强学生的学术学习时间。

(2)心理环境。与物理环境相比,课堂中的社会心理环境对课堂教学的影响更大。其中,课堂气氛和课堂目标结构是最为突出的两个影响因素。

①课堂气氛管理。课堂气氛是课堂里某种占优势的态度与情感的综合表现,它常被比作"组织人格"。正像每个人都具有自己的独特人格一样,每个课堂都有自己独特的气氛。一般情况下,课堂气氛可以分为积极、消极和对抗三种类型:第一,积极的课堂气氛特征是课堂纪律良好,师生关系融洽;学生精神饱满,注意集中,专心听讲,积极思维,反应敏捷,发言踊跃;教师善于点拨和积极引导;课堂呈现热烈活跃与祥和的景象。第二,消极的课堂气氛特征是课堂纪律问题较多,师生关系疏远,教师不善于调控;学生注意力分散,情绪压抑;等等。第三,对抗的课堂气氛的特征是课堂纪律问题严重,师生关系紧张,教师无法正常上课,时常被学生打断或不得不停下来维持课堂纪律,基本上是一种失控的课堂状态。要营造积极的课堂气氛,教师通常需要建立和谐的课堂人际关系,运用灵活多样的教学方式,采用民主的领导方式,给予学生合理的期望。

②课堂目标结构。课堂目标结构是一个班级中由奖赏机制决定的占主导地位的学习目标取向。课堂目标结构可以分为竞争、合作和个人主义三类:第一,在竞争性目标结构中,学生认识到他们的奖赏取决于与他人的比较,只有他人失败时自己才能取得成功;第二,在合作的目标结构中,学生认识到他们必须与他人合作才能获得奖赏;第三,在个人主义的目标结构中,学生们认识到奖赏取决于自己的努力,不需要关心他人是否取得成功,他们的目标是达到自己或者教师提出的学习标准和要求。

一般而言,竞争、合作、个人主义都是开展高校课堂环境的手段,它们适用于不同的学习情境,并没有绝对的优劣。在我国的课堂教学中,教师所营造的多为竞争和合作的课堂目标结构,对这两种目标结构的积极和消极作用,教师要清楚把握,协调合作与竞争的关系,使两者相辅相成,成为促进课堂管理功能和调动学生积极性的有益手段。

3. 课堂纪律管理

在课堂教学中,难免出现各种课堂问题行为,干扰教学活动的正常进行。有效的课堂纪律可以通过营造良好的课堂秩序、减少学生的不当行为来促进学生学习。课堂问题行为是在课堂中发生的,违反课堂规则,妨碍及干扰课堂活动的正常进行或影响教学效率的行为。课堂问题行为是教师经常遇到而又非常敏感的问题,处理不好,就会损害师生关系和破坏课堂气氛,影响教学效率。课堂问题行为可以分成人格型、行为型和情绪型三种类型。

(1)课堂问题行为产生的主要原因。课堂问题行为不单是学生自身的问题行为,而是各种问题的综合反映。课堂问题行为的产生有以下三方面的原因:

①教师因素。课堂问题行为的产生与教师有直接或间接的关系,教师的教育失策会导致学生产生问题行为。教师的教育失策主要表现为:错误的观念指导、管理失范和教学水平低下。教师错误的教学观、学生观、师生观会导致错误的行为,从而引发学生的问题行

为。部分教师把追求升学率作为教学的指导方向，把分数作为唯一的目标，这样教师会重智轻德，对学生进行超负荷的灌输，学生丧失主动性，会对学习产生厌倦心理；部分教师忽略学生的情感，这会使学生产生被忽视的心理；部分教师不能正确看待师生关系，这样会挫伤学生的自尊心，致使他们产生问题行为。

教师在课堂上的管理失范表现为两种行为：第一，放弃管教的责任，采取不闻不问的立场，放弃学生，不能使课堂形成良好的课堂气氛和教学环境，学生也因缺乏指正的机会而出现违反课堂规则的行为；第二，教师对学生的问题行为做出过度敏感的反应，学生容易与教师发生摩擦，从而导致行为失范。此外，教师自身的职业技能水平低下，容易导致教师在学生心目中威信的降低，进而引起课堂问题行为。

②学生的因素。课堂中的问题行为大多是由学生的身心因素引起的，如性别上的差异、生理上的缺陷、心理上的障碍等。学生生理上的缺陷容易使学生产生问题行为，如学生视、听、说方面的障碍，学生发育期的紧张、疲劳、营养不良等。心理障碍也是构成学生问题行为的重要原因，它主要反映在焦虑、挫折和性格等方面。例如，焦虑会使学生灰心丧气、顾虑重重，挫折会引起学生的情绪波动。学生个性方面的问题也会导致问题行为，过于内向的学生会产生退缩性行为，过于外向的学生会产生攻击性行为。

（2）课堂问题行为的管理策略

①运用非言语线索。教师要善于观察课堂里每一个学生是否都在专心听讲，当发现有学生行为表现不良，就要运用非言语线索加以制止。非言语线索主要包括目光接触、手势、身体靠近和触摸等，如对表现不良的学生保持目光接触就可能制止其不良行为，还可以走过去停留一下，或者把手轻轻地放在学生的肩膀上等，既可制止不良行为，又不影响课堂教学秩序。

②运用积极的语言。教师可以运用积极的语言来调控学生的行为，在学生违反课堂学习纪律后，立即给以简单的言语提示，将有助于制止纪律问题。言语提示的内容不要纠缠于学生的不良行为，而应是学生应该怎样做的正面提示，这能够表达对学生未来课堂行为更积极的期望。

③合理分配、调整学生座位。通过分配学生座位来激发学生对纪律的追求，从而发展学生的自律态度。学生的课堂学习行为要受其座位的影响：坐在前排和中间座位上的学生最易被教师所控制，其课堂行为大多是积极的；而在教室后排的学生总觉得被教师忽视，或者放松要求和约束，以为教师不会注意自己而出现消极行为，或者为了引起教师或同伴的注意而产生过分行为。

④引导学生积极参与学习活动。学生在课堂上出现问题行为，往往是因为他们觉得无所事事。因此，教师可以指导学生从事一些学习活动，使他们没有空闲时间，从而减少问题行为的产生。但需要注意的是，学习活动要适度，过多的学习活动或学习任务，会导致

学生疲劳、烦躁、厌倦，从而再次引发问题行为。

⑤进行心理辅导。学生的问题行为往往有其心理根源，因此，要从根本上解决他们的课堂问题行为，教师应注意对其进行心理辅导。对问题行为学生的心理辅导要注意：第一，耐心倾听、接受、理解，而不是批评、指示、强制教育；第二，帮学生找到产生问题行为的原因，分析问题行为带来的影响；第三，为学生制定适宜的课堂行为目标；第四，对其进行情感疏导，消除问题行为背后的情感根源。

二、高校教师的知识管理能力及培养

知识管理是一个动态的系统，它通过识别、获取、开发、分解、储存、传递知识来实现知识在这一系统中的流动，不断促进知识的转化和生成，从而实现知识的连续性循环的过程。知识管理的实质在于知识的创新与共享，注重利用现存的知识进行创新，创造出新的价值，让需要知识的人，很方便地利用知识。知识管理注重"做正确的事情"（结果），而不是"正确地做事情"（过程）。知识管理是以知识为中心，以人为本，强调人的价值。知识管理是通过对知识的获得、存储、应用、流通过程进行管理，提高知识本身效用的工具、手段及方法。进行知识管理的最终目的就是通过群体的协作过程创造知识、共享知识、利用知识，并将知识直接作用于提高群体效率和竞争力。"知识管理的实质便是努力创造一种有效的机制，发挥人的潜能，调动其学习的积极性和创造性，使其能力得到最快的提高，以更好地为社会创造出价值。"①

（一）高校教师知识管理的特性

高校教师知识管理的特性主要包含以下方面，如图 5-2 所示。

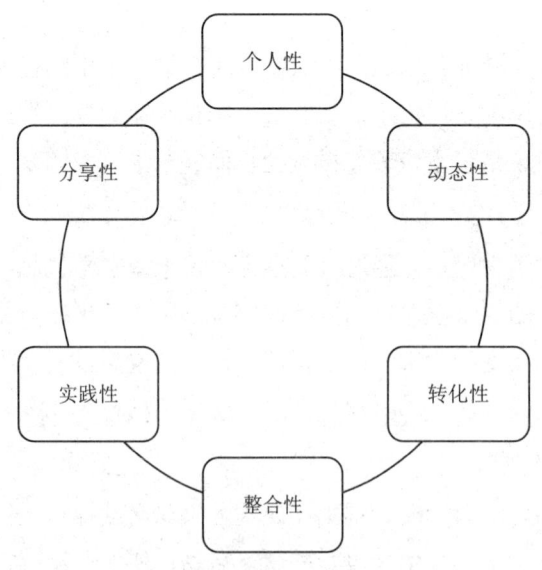

图 5-2 高校教师知识管理的特性

---

① 李燕：《新时期高校教师能力培养与专业化发展探究》成都：四川大学出版社，2018 年，第 99 页。

1. 个人性

高校教师作为高级知识分子，工作的独立性较强，其知识结构的专业化程度较高，在知识构成方面除了拥有可以通过书籍、文字、数据编码等方式来表示的显性形知识外，更多的是存在于高校教师头脑中尚未外显化的、难以表达的、难以正规化的隐性知识。而对这些知识的管理具有鲜明的个人化特点，它是高校教师个人在长期的知识获取、使用和创造的过程中逐渐积累而形成的，与教师个体的体验和经验紧密相关。

2. 动态性

在知识经济时代，知识更新的速度明显加快，知识和信息的迅速增长与衰退是该社会的一大特征。高校教师作为知识传播和创造者，必须跟上时代的步伐，不断更新和完善自己的知识结构，丰富和充实自己的知识，并将它们及时传授给学生。教师要能根据学生的需要和时代的特点，随时调整自己的教学方式，使知识能以不同的形态呈现出来，满足教学的需要。这是教师教育知识管理动态性的体现。教育知识管理的动态性不仅是社会对教师提出的要求，也是教师自身生存和发展的必然要求，更是做好教学工作的现实需要。

3. 转化性

高校教师能够通过知识管理获取大量丰富的知识，这是其具有较高教育知识管理能力的一个重要体现。教师教育知识管理能力的另一个更重要的体现是教师能够通过对知识的加工整合更为有效地将自己的知识传递给学生，转化为学生的知识。教师所传递给学生的知识不仅仅是容易表达的显性知识，还包括教师自身所拥有的独特的隐性知识。在知识转化的过程中，学生不仅受益于教师有效的知识管理从而使自身知识得到较快增长，而且也在此过程中习得了教师知识管理的技能，形成终身学习和知识创新的能力。

4. 整合性

教学的过程就是一个知识传播、获取、转化、产生和创造的过程。在这个过程中教师只拥有渊博的专业知识是远远不够的，一名优秀的教师必须能够利用先进的信息技术手段将自己的专业知识与教育学、心理学和学生需掌握的课程相整合，并能付诸实际教学，产生良好的教学效果。因此，教师的教育知识管理表现出强烈的整合性，它不仅是一个有效的知识整合，还必须把知识与知识、知识与人、知识与过程联系起来，从而完成知识的传递和能力的增长。

5. 实践性

教育教学是一门实践性较强的科学，它的最大特点是不确定性、情境性和人性化，一名优秀的教师必须具备能将自己的知识灵活应用于不同情境的教学实践，并产生良好绩效的能力，而这种能力经过长期实践、不断反思、修正和深化，就形成了具有教师个性特点的教育教学实践知识，这些教育教学实践知识是教师专业性的体现，是教师宝贵的个人知识财富。

6. 分享性

教师的专业知识在教育知识管理中具有非常鲜明的个人性,但教书育人绝对不是一个教师就能完成的工作,它需要教师团队的共同努力。教师作为个体要将自己的知识,尤其是教学方法、模式等教育教学的实践性知识和经验与整个教师组织分享,促进整个教师团队的教育教学的能力和水平,从而提高整体的教学质量和效果。

(二)高校教师知识管理能力的培养

1. 加强教师知识管理能力的训练

早在知识管理概念产生之前,教师作为"传道、授业、解惑"者就在或多或少地运用知识管理的方法教书育人,这种知识管理的萌芽可能处于一种无意识的状态。在知晓知识管理概念之后,教师应该把无意识变为有意识,在自己的工作和学习中自觉运用知识管理的方法和策略,加强自身知识管理能力的培养,提高工作和学习的绩效。

(1)高校教师要自觉加强个人专业知识的管理。高校教师在知识获取方面一般都具有较强的能力,他们能够从纷繁复杂的信息中,获取对自己有用的知识,但从知识管理的角度而言,高校教师除了连续不断地获取新知识外,还应该经常对自己的知识进行梳理、分类和总结,教师可以利用现代信息技术,建立个人知识电子档案,将自己获取的知识进行分类管理,以便于查找和使用。此外,还要注重将自己大量的隐性知识通过思考和归纳转化为显性知识,以促进知识的生产和创造。

(2)高校教师要有意识地在教学实践中提高个人的教育知识管理能力。教育知识管理过程中最重要的环节就是知识的有效传播,教师要在自己的教学实践中运用知识管理的有关方法、策略和技术,不仅注重向学生传授知识,还要注重学生知识管理能力的培养。教师可以组织学生利用现代信息技术工具建立学习档案,开展研究性、协作性、探究性学习,培养学生的知识获取、分析、解决问题、意义建构和知识创新的能力,使学生形成终身学习和知识管理的能力。通过这种教学相长的知识互动过程提高教师自身的教育知识管理能力。

(3)高校教师在教学过程中要特别注重实践性知识的反思和积累。可以通过记录自己的教学过程,对教学理论和教学实践进行相互印证,记录自己的心得和感悟,反省自己的教学方法和手段,对知识传播和转化效果进行评价和反思,对特定的教学事件进行分析,等等,这种与复杂的问题情境有意识交互的反思式记录,有利于教师总结自己的教学经验,增强自己的实践性知识的积累,提高自己的教育知识管理水平和教学质量。

2. 构建完善的教师学习共同体

知识只有通过共享,才能转变为集体的智慧,才能为知识创新提供更多可能。由于高校工作的特殊性,高校教师作为独立的个体拥有大量的知识,尤其是拥有对知识创新非常重要的隐性知识,但却很少与其他教师交流和分享自己的知识。造成这种情况的原因主要包含：第一，高校现行教师组织管理体制主要是以等级管理为基础的直线式管理，教师只需要做领导安排和自己范围内的事情，不属于自己范围内的事情无须去管，更不用与同事进行协商、交流；第二，教师之间缺乏专门的交流渠道；第三，教师在思想上缺乏知识分享意识，不愿意与他人分享。解决这些问题的办法就是建立一个以教育知识共享为目标的教师学习共同体，教师们通过这个学习共同体开展团队学习，交流教学工作经验和方法，解决教学中遇到的问题，分享教学工作的心得体会，具有相同知识背景的教师还可以通过学习共同体将自己的知识、观点、技术、专长等与其他人进行沟通、交流和讨论，在个体差异性的思维碰撞中，引发更加深入和广泛的思考，促进知识进步和能力的发展。

团队学习是建立在个体学习基础之上的，是个体学习的集成，有助于优化教师之间的知识配置，促进知识的增长和教育教学水平的提高。教师学习共同体建立的形式是多样化的，它可以是教师自发的（如同一个系、同一个教研室教师），也可以是学校行政部门组织的（如教务处、高教研究中心等组织的），还可以利用信息技术开展全校甚至与其他高校教师之间的交流。通过连续性的、与工作相融的协作式团队学习，调动每个教师的潜能，提升整个教师组织的核心竞争力。

3. 创造有利于教师知识管理能力提高的条件

高校是知识创造和传播的主要阵地，教师教育知识管理能力的高低直接影响到高校乃至整个社会知识产品的数量和质量。作为高校的领导者，必须是一个具有较高教育知识管理能力的教育家，能够意识到教育知识管理的重要性，要积极建立有效利用知识共享和创造的管理体制，支持、促进教师学习共同体的建立；努力营造一种有利于知识传播、转化、分享和创新的和谐校园文化和环境，让广大教师感觉到知识共享的良好氛围和舆论导向；制定相关的评价和激励政策，对积极开展知识共享的教师给予适时的奖励，使教师们意识到知识共享所能带来的好处远大于自己知识占有所能获得的利益，使他们自觉加入知识共享的体系中来。此外，学校还可以通过各种形式的培训活动促进教师和学生知识管理能力的共同提高。

学校在提供政策及相关制度支持的同时，还需要为教师的知识共享建立完善的信息网络体系和知识库，这对于提高教师的教育知识管理能力同样是必不可少的。现代信息技术的发展为教师获取、分享知识提供了更多的机会和可能，是提高教师教育管理能力的重要工具和手段。高校应该利用自己的人才和技术优势，依托图书馆、网络中心、教育技术中心等校园信息管理机构，建设基于知识流的网络知识管理体系，将数字化图书馆、智能网络系统、教学知识库等有机结合、分布管理，可以利用概念图、思维导图等对知识进行分类整理，使之标准化、特征化，为全校师生提供一个方便、快捷的知识交流与共享平台，促进知识在学校中的最广泛的交流，并利用知识管理、数据挖掘等技术将教师的隐性知识尽可能挖掘、转化，从而提高整个教师组织和学生的知识管理能力。

知识管理对管理者和教师而言都是新课题，在理论上和实践上都有许多问题需要研究。

尽管面临着许多难题，但知识管理作为现代教师必备的能力，必须引起高校和广大教师的关注和重视。

三、高校教师的情绪管理能力及培养

（一）高校教师情绪管理的意义

高校教师情绪管理是教师在工作与生活中要能够努力克服消极情绪，培养积极健康的情绪，并且做到二者相互协调与相互包容。高校教师情绪管理的意义主要体现在以下几方面：

1. 有效克服消极情绪

高校教师在工作与生活中不可避免地会遇到各种压力，进而形成一些不良的消极情绪。针对这些消极情绪，高校教师应该学会建立一种情绪疏导机制，切不可把消极情绪带入课堂，更不能影响到学生的学习与教育。高校教师应该通过适当的方法来宣泄自己的负面情绪，尽量做到不影响教学质量与师生关系。

2. 培养积极健康的情绪

高校教师在教学过程中是处于核心地位的主导性人物，他们的一举一动都会直接影响到学生的学习情绪，直至影响到学生的学习效果。因此，高校教师应该是一个成功的情绪构建者，要认真仔细观察学生的情绪变化，用自己积极乐观的情绪来为学生营造一个健康和谐的教学环境，促进学生进行高效的学习。

（二）高校教师情绪管理能力的培养

1. 营造良好的心理环境

高校教师情绪管理能力的提升，离不开一个合理的管理与激励机制提供的制度保障，这是他们能够保持良好心境的重要条件。第一，高校应该建立健全教师考评制度体系，让高校教师能够处于一种合理公平的竞争环境当中，从根本上改变那种传统的考评方式，真正让心理需求更为旺盛的高校青年教师得到更多的心理满足感，并努力开拓更多的渠道让青年教师获得发展与表现的机会，这样才能够让高校教师群中的核心部分得到真正的发展，激发出他们的工作热情；第二，可适当增加教师的经济收入，为他们的工作与生活适当减轻负担；第三，学校应该通过各种手段来帮助高校教师，尤其是其中处于相对劣势的青年教师。

高校可以根据青年教师的实际情况来配备一些富有经验的老教师来给予他们一定的指导与帮助，尤其是指导他们在课堂教学与科研申报方面的工作，帮助他们解决教学与科研中遇到的一些问题。学校还可以为他们提供专门的培训，并开展一些座谈会，深入了解高校教师的内心想法，真正减少他们的工作压力。此外，高校还应该开展各种形式的心理健康教育和辅导活动，多给高校教师传达一些健康有益的心理健康知识，努力为他们营造轻松愉快的工作环境，并尽可能地关心他们的感情与家庭生活，及时给予他们必要的帮助与心理安慰，切实增强他们的自信心与自尊心。

2. 提升教师的抗挫折能力

高校教师在工作与生活中必然会遇到各种各样的压力与烦恼，应学会调整自己的情绪，以积极乐观的态度面对人生的种种负面压力，尽可能地运用赞赏的目光来对待自己，尤其是在面对失败和困难的时候，要能够及时调整自己的心态，微笑面对生活中的一切困难与挫折，学会缓解和承受压力，让自己在挫折与困难中不断成熟与成长。高校教师应该及时调整自己的认知结构，建立积极且合理的信念，从而切实提升自己的抗挫折能力。在面对挫折的时候，高校教师要能够产生积极的情绪反应，以积极的心态面对挫折，克服各种绝对化、过分化以及糟糕至极化的不合理信念，提高自己的综合素养，以正确的世界观、人生观与价值观来转变情绪。

3. 学会纾解和调控情绪

高校教师在工作中，必然会遇到一些烦心事，进而产生一些烦躁、愤怒等情绪。作为教育工作者，切不可把这些负面情绪带入教学与科研当中去，而是应该及时处理这些负面情绪，学会适时纾解和调控情绪。在工作中遇到困难的时候，一旦感觉自己的情绪有可能走向消极的一面，就应该认真分析自己所处的实际状况，并找到导致负面情绪产生的原因，通过自我察觉法来对情绪实际情况进行测试，切不可盲目地压抑自己的情绪。高校教师察觉自己的情绪不佳时，可以与别人进行交流与沟通，纾解自己的不良情绪，还可以通过写日记来宣泄自己的情绪。与此同时，高校教师如果不小心进入到极端情绪状态，一定要及时意识到问题的严重性，尽量控制自己不要做出过于冲动的行为，适当地表达自己的内心想法，让极端情绪得到有效的输出，并可以转换一下个人立场，学会观察别人的情绪，从而在理解他人的基础上释放自己的极端情绪。教师还可以采取更多种宣泄和调节情绪的方式方法，让自己的负面情绪能够在合理的渠道中得到有效宣泄，如自我倾诉，也可以通过运动或休闲娱乐来转移自己的注意力，最终让自己的情绪稳定下来。

第二节　高校教育管理队伍的专业化建设

近年来，我国高校规模逐渐扩大，大学生在校人数不断增多，高校内部结构也必然发生改变，朝着多元化方向发展。高校作为一个规模庞大的复杂组织，必须在管理人员的素质上有所提升。"只有提高高校管理队伍的专业化水平，才能提高高校的竞争力，推动高校发展，使其切实肩负起社会职能。"①

一、高校教育管理队伍的现状

第一，缺乏专业化管理能力。我国高校在管理人员建章立制方面进程缓慢，甚至部分高校存在现代管理体制与管理队伍脱节的现象。目前，很多高校开始提升管理队伍专业化水平，尝试多种办法，但很多高校管理模式依然是过去管理模式的范畴。部分学校领导对管理工作的认识不足，不注重建设管理人员的奖励机制，导致管理人员服务意识较差，专业化管理能力不足。

第二，管理人员专业能力不足。根据职责不同，高校管理通常分为科研管理、行政管理、教学管理等管理类型。高校根据管理人员的职能，对其采取不同的培养方式，在待遇和安排上也有很大的区别，部分高校希望招收高层次人才以推动学科发展，经常采取家属一同录用的方式吸引人才。招收的管理人员存在很大的个体差异性，部分管理人员缺少与教育管理专业相关的背景，导致高校管理队伍在知识结构层面上存在短板，难以有效提高管理水平。高校对管理人员职能分工不够明确，行政事务与管理工作相互混淆，将文件处理、传达信息等工作分配给管理人员，以致管理人员无法将全部精力用于提高学科发展和教学质量。

第三，管理队伍不稳定。由于高校领导层对管理工作认识不到位、重视不够，导致管理人员缺少工作动力，没有形成强烈的职业认同感。当前，很多高校管理人员不愿意长期从事本职岗位，以致高校管理队伍普遍存在流动性强的特点，其主要原因有两方面：一方面，学校将过多的资源放在提升教学质量与学科建设上，对管理工作并未真正重视；另一方面，在工资福利待遇方面，教师队伍比管理人员更优越，导致很多管理者不愿意继续从事本职岗位而频繁调动。

二、高校教育管理队伍专业化建设的策略

第一，提高思想认识。高校领导层要转变思想观念，切实提升高校管理队伍专业化水平。高校要注重培养具备综合素质的人才，不仅要有过硬的专业技能，而且要有优秀的管理才能。"只有高校领导层转变观念，重视管理工作，才能实现高校管理队伍的规范化建设，使每位管理人员认识到自身岗位的重要性，激发他们的工作动力，从而提升管理队伍的专业化水平，促进高校更好发展。"②

第二，实施管理资格认证制。目前，高校招聘管理人员和教师时，对已被录用人员进行岗前培训，只有获得证书者才能参加教师资格考试，在通过教师资格考试后才能进行上

---

① 苏静：《高校管理队伍专业化建设研究》，《科技经济导刊》2018年第26期，第119页。
② 汪国翔，罗赓：《信息时代高等教育管理创新——评＜信息时代教育传播研究：理论与实践＞》，中国科技论文，2019年8月，第11页。

岗，这套程序对于教师而言毫无问题，但是对于管理人员而言，这些证书和他们的管理水平相关性不强，无法作为管理资格标准。因此，高校应当在管理资格方面设置相应的资格证书制度，才能更好地对管理人员水平进行有效评价，实现高校管理水平的提升。在进行高校管理资格认证制度制定开展时，学校可以采取和政府合作的方式来进行开展，根据认证者的管理水平、年限等不同因素来划分，根据实际岗位可以分成教学管理、行政管理等不同类型，通过管理资格认证制度，可以实现管理工作人员知识水平的不断提升，更好地实现高校管理水平的提升。

第三节　大数据时代高校教师队伍的精细化管理

　　大数据是在信息技术革命与人类社会活动相互作用的过程中发展起来的规模巨大、种类繁多、增长速度快且潜藏巨大价值的复杂数据，不仅能够预测社会各领域的发展态势，还能够实现各行各业组织管理效益的最大化。大数据的发展离不开教育的作用，教育水平的提升更离不开大数据的有效利用，作为集"人才培养、科学研究、社会服务、文化传承创新"于一体的高校将在大数据的浪潮中以参与者、促进者与推动者的身份，共同推进大数据在我国的研究与应用。高校教师作为大数据背景下"智慧教育"实施的实践主体，如何对高校师资队伍进行科学管理，实现教师队伍建设的效益最大化，提升我国高校教育教学水平，是当前教育大数据背景下亟待探究与解决的问题。

一、大数据时代高校教师队伍精细化管理的必要性

　　高等教育作为教育体系的重要组成部分，承担着"人才培养、科学研究、社会服务、文化传承创新"的重要职责，高校教师则是实现这些职能的实践主体，要实现高校对社会发展价值的最大化，就必然需要对高校教师队伍进行科学化管理。随着高等教育改革的不断深化，高校获得越来越多的自主权，这也使得各高校针对自身发展特点不断推出新的改革措施，在这场改革中，高校教师管理制度的改革必将成为焦点。只有将企业精细化管理理念运用到高校教师管理的改革中，细化教师岗位职责，建立精细化的教师考核评价体制，强化精细化的教师激励制度，才能充分调动高校教师的积极性和创造性，真正做到"物尽其用，人尽其才"，提升高校办学水平。

（一）精细化管理是优化高校教师队伍整体素质的重要途径

　　精细化管理是一种管理理念，而非某种具体的管理方式，精细化管理是管理过程要"精"，抓住组织管理的核心，突出要点，摒弃细枝末节；管理制度要"细"，管理者要制定合理的管理与考核量化标准，各项指标要具体有操作性，体现制度的指导性；管理制度还要"内化"为个人的行为规范，组织中的个体要自觉践行制度文化，遵守制度

要求，最终实现从"法制"向"人治"的转变。一所高校能不能为社会主义培养合格的人才，培养德智体美劳全面发展的、有思想觉悟、有文化的劳动者，关键在于教师。教师是学校教育工作的主题，是学校教育质量的重要保障，因而对教师队伍进行有效管理就显得尤为重要。

随着我国高等教育的扩招，高校教师队伍必将日益壮大，面对如此庞大的教师群体，如何对其进行有效的管理，促进高校教师的专业发展，进而实现高校的四项基本职能，是每一个高校管理者都需要思考的。在这个经济快速发展、科技日新月异的时代，高校作为社会高层次人才培养的重要基地，只有从教师的聘用、考核、激励、职称评定、培训及进修等方面建立精细化的管理模式，完善管理制度，明确岗位职责与要求，从而优化整个教师队伍，切实发挥高校教师在我国高等教育发展的中流砥柱作用。

（二）精细化管理是高校教育管理"以人为本"的体现

当前，我国高校实行的是校长负责制，高校管理体制存在三个方面的管理，即中华人民共和国教育部管理、行政管理与学术管理，其中，中华人民共和国教育部管理确定了我国高校的办学方向；行政管理实行校长负责制，带领全体教职员工为学校的运行与发展做目标决策；学术管理是坚持教授、专家参与学校教学、科研管理，带动学校学科专业发展。随着时代的发展及社会各界对人才的重视，管理者也越来越意识到人力资源管理的重要性，管理理念已逐渐从"物本管理"转向"人本管理"，强调管理过程要"目中有人"。高校管理则要遵循"关怀伦理学"的观念，相信教师，尊重教师，同时还要依靠教师，把教师作为高校发展的原动力，创造条件，实现高校教师自由而全面的发展。现代精细化管理理念虽然来源于企业管理，但作为社会组织机构的高校依然可以借用其精髓为自身管理工作服务。

精细化管理强调每一位员工都是组织管理的参与者，在组织管理中主要涉及三个层次的递进，即接受管理、参与管理与自我管理。在高校教育管理中，人的管理是第一位的，作为高校教育管理的对象与实践者的教师，更是高校组织管理的关键，因此，能否建立"以人为本"的高校教师管理制度必将成为影响高校长效健康发展的主要因素。高校从"以人为本"的角度出发，各层级合理设岗并细化岗位职责，教学型、教学科研型以及科研型教师各自承担的工作任务是不尽相同的，真正做到"人尽其才"，避免人力资源的浪费；建立全面的教师考核体系，针对不同类型的教师，分别在教学、科研、社会服务方面设置合理的量化权重，做到"和而不同"。根据高校自身特点，建立精细化的教师激励制度，设置科学的薪酬结构及调薪指标，尽可能保障教师在付出与收获之间的平衡，从物质层面提升教师的"职业幸福感"；要切实贯彻高校"以人为本"的教师管理理念，必然需要建立科学的高校教师精细化管理模式，否则"以人为本"的理念只能停留在意识层面，而无法落到实处。

二、大数据在高校教师队伍精细化管理中的应用

得益于计算机技术和海量数据库的发展，个人在真实世界的活动得到了前所未有的记录，这种记录的粒度很高，频度在不断增加，为社会科学的定量分析提供了极为丰富的数据。由于能测得更准、计算得更精确，社会科学将在新世纪全面迈进科学的殿堂。教育大数据是大数据在教育领域的应用，旨在通过大数据技术来管理、规范、优化教育实践，全面提升教育水平。

根据大数据处理流程及教育领域的信息特点构建教育大数据技术体系的逻辑框架，主要包括四个层级：教育数据采集层、教育数据处理层、教育数据分析与展现层、教育数据应用服务层。数据采集层通过各种途径采集教育基本数据并通过数据传输接口传递给数据处理层，经过数据整合与存储形成教育数据平台；教育数据分析与展现基于该教育数据平台来实现教育数据的可视化与数据挖掘，并将分析结果通过数据接口传递给教育数据应用服务层，最终为教育决策提供科学依据。而在整个过程中，数据的安全与监控随时跟进，保障各环节的安全性与可控性；标准与规范的作用在于保证整个数据系统的融通。大数据在教育领域的应用不仅有利于教育组织的科学管理，提升育人水平，还有利于教育过程的监控及教育发展态势的把握。

优秀师资队伍的建设需要科学的管理模式，大数据能够获取大量且多元化数据，运用数据挖掘、分析等技术手段对各类型数据进行处理，建立联系，准确挖掘影响教师队伍建设的影响因素，为高校教师管理工作提供科学依据。运用大数据对高校教师队伍进行精细化管理，需要建立教师信息库，包括姓名、性别、学历、年龄、专业、工作经历、荣誉奖惩、职称等，在此基础上，运用大数据技术根据高校教师职能建立教师组织管理制度，跟踪教师成长过程，对教师进行全面考核，确保教师队伍质量。大数据与其他信息技术相比，最大的优势在于其具有超强的"预判能力"，在高校教师精细化管理中，大数据"预测性分析"能够科学有效地消除管理过程中重复性数据，从而能够精准地预判出每一个教师的发展情况并以数据的形式给出优化策略。高校可以利用大数据招聘教师，即在教师招聘过程中，利用大数据来分析教师的信息，如教师的学历、特长、人生观、态度等因素，来预测教师在教育事业上取得成功的可能性，并判断谁是最优秀的教师。虽然数据信息不能作为教师招聘的唯一标准，但可以为面试官提供科学、客观的参考意见。

在信息技术高速发展的时代，教育行政部门必须创新教师管理方式方法，积极整合利用信息技术手段，全面推进教师队伍精细化管理化，提升教师管理的效率与水平。教师队伍精细化管理的核心任务之一就是要形成教师队伍大数据，要依托教师系统，实现各级各类教师信息的伴随式收集，为每位教师建立电子档案，建立统一高校、互联互通、安全可靠的全国教师基础信息库；高校采集、有效整合教师系统及相关教育管理服务平台生成的教师信息，形成教师队伍大数据。运用大数据进行教师队伍管理的目的在于提升教师管理质量，促进教师队伍健康、和谐发展，最终实现我国教育的发展。

三、大数据时代高校教师队伍精细化管理的实践

大学的荣誉不在于它的校舍和人数,而在于一代又一代教师的质量,一个学校如果想要有发展,教师一定要出色。建设出色的师资队伍,必然需要对教师队伍进行有目的、有计划、有条理的精细化管理。将大数据应用到教育领域对高校教师队伍进行精细化管理,已是当前高校教育管理的大势所趋,但在应用过程中需要对教师数据的质量及安全进行监控与管理。

(一)确保教师数据的质量

教育大数据与企业大数据不同,它的对象与人息息相关,其目的在于优化教师队伍,提升教育水平,数据与教学业务紧密结合,因此,对数据的粒度要求更精细、更具体。教师数据质量是对其进行科学分析的前提和基础,数据采集错误会直接影响到教师数据的业务应用,影响到对教师的录用、考核与发展等方面的判断,因而要更加注重教育数据的完整性、规范性、准确性、一致性、唯一性与关联性。

高校在应用大数据技术对教师队伍进行精细化管理之前,第一,要建立真实、可靠且符合标准的教师数据库;第二,在教师数据建设的初期要对数据进行整体规划,在明确各类数据信息标准化的基础上建立业务系统之间的联系,避免"数据孤岛"现象的出现,从而保证数据的精确性;第三,在管理过程中,由于教师队伍的管理具有一定的灵活性,要充分考虑到数据系统的可扩展、可配置空间,从而规范系统运行过程中对教师管理业务的定制化开发;第四,在软件设计的过程中,要考虑到后期数据的维护与更新,要对数据录入、各系统间数据传递环节中的数据质量进行标准化检验,从而确保数据的真实性、准确性与完整性。

(二)保障教师数据的安全

大数据以其海量的多元化数据及独树一帜的预测功能而被广泛应用在各行各业,但在大数据应用过程中,隐私问题越来越受到社会各界的关注,在大数据时代下,如何保障用户数据的安全是大数据治理过程中最需要关注的。因此,在当前社会背景下,第一,高校要保护教师的隐私,确保教师数据的安全需要建立大数据安全管理机构,确定管理的目标与范围,并制定在实施过程中的安全管理策略;第二,管理人员的设置坚持"权责分散、不交叉重叠"的原则,如系统管理员、数据库管理员、网络管理员必须各司其职,不能相互兼任,各参与人员均需通过一定方式进行考核确定,并签署保密协议;第三,对系统的日常运行进行安全管理,如建立用户和分配权限,明确各用户权限、责任人员及授权记录,坚持"责任到人"的原则,规范系统操作流程;第四,在数据处理过程中,特别是在对重要数据的传输与存储时,一定要采用加密技术,并对重要数据进行备份,以确保数据的安全性;第五,要建立风险防范机制,建立切实可行的应急处理模式,以应对各类信息化安全事件的发生。

第六章 大数据时代高校教育管理工作的创新实践

第一节 大数据与教育管理专业的深度融合路径

大数据互联网时代深刻影响着各个领域,在提高人类工作质量,在生活和思维上的革新方面都有着卓越的贡献,在教育方面都受到了其一定的冲击。然而实际上,在教育界对大数据能够带来的价值还没有清晰的认识,还有些问题需要解决,如教育大数据的具体意义、其鲜明的特点、如何采集数据并进行战略定位以及它的价值该如何在教育中体现出来。

一、大数据与教育管理专业的数据处理

大数据的核心是数据的输出和处理都非常快,在数据上也很准确和多样,这项技术在各个领域的前景都十分广阔,在对大量数据模型构建后,可以有效地挖掘事物的发展变化,对事物的发展做出预测,达到在必要的情况可以进行有效的干预。在大数据理念发展得越来越深入的同时,其中的含义也在变化和拓展。大数据有着在海量复杂的情况当中找到意义的关联、挖掘规律的能力。人们在大数据面前应该让其成为一种思维方式,为我们思考、决策提供出发点。

教育在与大数据融合后在采集方面会更全面更自然,在处理问题上也更加多样,在实际的教育教学方面多元深入。传统的教育总是阶段性的采集数据,在非自然的情况下进行,在汇总和比较分析上面更简单,重点观察受教育群体不同层面的教育发展情况。在大数据与教育管理持续发展融合的道路上,每个人的看法都不相同,但是毋庸置疑的是,教育专业在改革创新的未来,一定很有更加广阔的发展。在大数据互联网时代,云计算、普适计算等在教育的过程中全面融入,在不影响实际教学活动的前提下,可以更加实时地把教学过程中的数据持续的采集。具体而言,如分析学生在各个方面的学习路线、在哪一道题上停留的时间更多,教师在课堂上讲解的知识点,等等。

二、大数据与教育管理专业的发展路径

在大数据背景下,高校教育的教育管理专业的发展与大数据的深度融合可以从多个维度进行探讨,主要从课程结构重构、科学分析学习行为、拓展评价思维方式等方面进行探究。

(一)培养教师的大数据素养

"大数据正在改变着人类认知和探究世界的模式,在教育领域,大数据让教师有了探索教育规律、回归教育本质的途径和手段。"[1]在变革的过程中,教师要具有高屋建瓴的意识,清楚社会的发展趋势,积极主动地适应时代发展的需要。在大数据时代,教师是否具有数据素养和数据智慧显得尤为关键。

1. 提升教师数据素养的迫切性

数据素养是对信息素养、媒介素养等素养概念的一种赓续和拓展,是对数据的收集、分析、处理、管理和应用等过程中应具备的技能,也包括在数据的各个环节应共同遵循的道德意识及行为规范。在高校传统教学中,教师在进行各种教学活动时,大多实行的是"经验主义",即主要是依靠自身的知识积累和教学经验进行知识的传授。由于教育管理专业学习对象的特殊性(既是知识接受者,又是知识传授者),作为这个专业的教师肩负着更重要的社会责任,更应紧跟时代的步伐,将"大数据"的思维应用于教学中,实现从"经验主义"到"数据驱动"的转变。教师要能够借助信息技术轻松、快速地收集到学生的学习过程数据,并能加以科学分析和利用。数据价值的体现取决于把握数据的人,因此,培养教师的数据素养就显得尤为重要。

2. 构建教师数据智慧的模型

如何培育教师的数据素养,是目前理论界研究的一个热门话题。由于数据素养往往蕴含于数据智慧之中,于是研究者大多探求建构具有实践性强、易于操作的用以提升教师数据智慧(数据素养)的模型。"数据智慧改进过程"(简称DWIP)模型提供了一种较科学的思维方式和实践模式,DWIP模型包括八个步骤,教师需要有效使用学生的学习行为数据,主要分为三个阶段:第一,准备阶段,准备阶段主要是为支持教师开展协同工作及有效使用数据奠定基础,为协同工作而组织数据团队、发展评价素养;第二,探究阶段,包括创建数据概览、挖掘学生数据、检查教学;第三,行动阶段,包括制订行动计划、计划如何评价学生学习进展、行动和评价。

由于模型的最后一个步骤要随着持续性调整学习行动的开展,教师要多维度评价教学行动方案实施的有效性,并做进一步的调整。在大多数的情况下,教师还须再次或多次循环完成这一过程,返回到最初的阶段。如果能按DWIP模型进行不断地试验和实践,教师

---

[1] 郑春玲:《大数据与教育管理专业深度融合路径研究》,广播电视大学学报《哲学社会科学版》2019年第1期,第113页。

的数据素养和数据智慧将会有明显的提升。

3. 明确教师数据素养的重点

数据素养应包含五个方面的能力：对数据的敏捷性、数据的搜集能力、进行数据分析与应用的能力、借助数据实行决策的能力、对数据的理性判断思维。在现阶段，对于高校的教师而言，社会及专业发展对数据素养提出了更高的要求：不再仅是简单的信息获取与检索，而是要具有对所获得信息足够的辨别与使用能力。数据分析与应用的能力是提升教师数据素养的重点和关键，即教师在分析解读完学生数据之后，如何应用这些数据提供的信息改进教学。

（二）优化教育管理专业课程结构

在新的时代背景下，教育管理专业的课程结构从整体上要加强课程的专业方向性，注重以教育类的课程为主体，突显教育管理学科的特色，以心理学科为补充，建立起具有专业特色课程结构。同时，要注重大数据与课程的深度融合，可以按照"三个有机结合"的总体思想来进行课程设计，即"大数据与教育理论结合""大数据与管理理论结合""大数据与应用结合"。"必修"和"选修"课程中要兼顾经典教育理论、管理理念和大数据理论方法，"专业主干"课程中需增加与大数据相关的课程，如"大数据技术原理与应用""大数据技术概论""大数据分析原理与实践"等。"综合实践"课程要注重引导学生应用相关理论，结合大数据的方法解决工作中的实际问题。

（三）多维度分析学生的学习行为

掌握学生的行为特征和行为规律，能够预测即将发生的学习行为，进而采取适当的措施有效干预不利于学习发生的行为。学习行为特征和行为规律是研究学习行为的基础，涉及教育技术学、教育心理学、计算机科学等学科知识，是一个庞大而复杂的课题。在大数据时代，学习行为的分析对提高开放教育的教学质量具有重要意义。

第一，分析"隐性"学习行为的数据。基于大数据的高校学习环境下，学生显性的学习行为，如在线时长、关注的知识点、参与活动的频率、形成性考核的成绩等，是可以被完整观察和测量的，这也是目前教师和管理者使用得最多的数据。但对学习的一些"隐性"学习行为，如思考问题的时长、对知识掌握的程度、分析问题的能力等这些思维活动，往往关注较少，而这些被忽视的学习行为往往对教育管理的专业发展和教师的教学活动更有意义。

第二，分析学生学习行为的流程。在大数据时代，对学生学习行为的分析可以充分发挥大数据带来的优势，这是大数据与教育管理专业深入融合的关键。对学生学习行为的分析流程是基于大数据，分为三个阶段：数据准备、数据统计与分析、数据反馈，这是一个循环往复的过程。首先，数据准备。数据准备是搜集学生个人信息及与学生相关的信息数据，形成静态数据库的过程。学生个人信息主要是学生在开放教育注册时所提供的身份信息，学生相关的信息数据主要是学生选择专业、课程、网上学习资源等信息。其次，数据统计与分析。数据统计是数据统计及应用技术分析学生各种学习行为，发现学生学习的规律与特点，并预测其学习风格，形成动态数据库。最后，数据反馈。通过对静态数据库和动态数据库的精准解读，将分析结果及时反馈给师生双方。学生可依此自我调整学习的计划、方式等。教师则可以根据反馈结果及时调整教学计划、改进教学模式，并对学生进行指导和干预。反馈结果还有助于高校学习平台的技术开发人员完善模块设计和资源建设。

分析学生学习行为的维度，在以往的数据分析中，往往是一种单向的分析过程，注重的是学生显性行为数据的获取。而在大数据时代，需要多维度深入分析学习行为。通过挖掘"隐性"的数据，促进开放教育的内涵发展和学生的自身成长。一方面，从教师的角度而言，通过分析教学数据，不仅能够依照数据结果来调整课程教学活动，还可归纳出新的教学方法以及新的知识，这样能够确保更为前瞻性的学习内容；另一方面，从学生的角度而言，通过学习分析，他们能够更清楚地知道在课程学习当中自己存在的一些问题，有针对性地不断优化学习习惯和行为，进行个性化学习。

（四）拓宽评价的思维方式

大数据下的教育管理专业评价路径应以大数据技术为载体，通过搜集所有关于课程学习和教学活动的评价数据，实现对教师教学过程和学生学习过程的精准评价，具体包含以下方面，如图6-1所示。

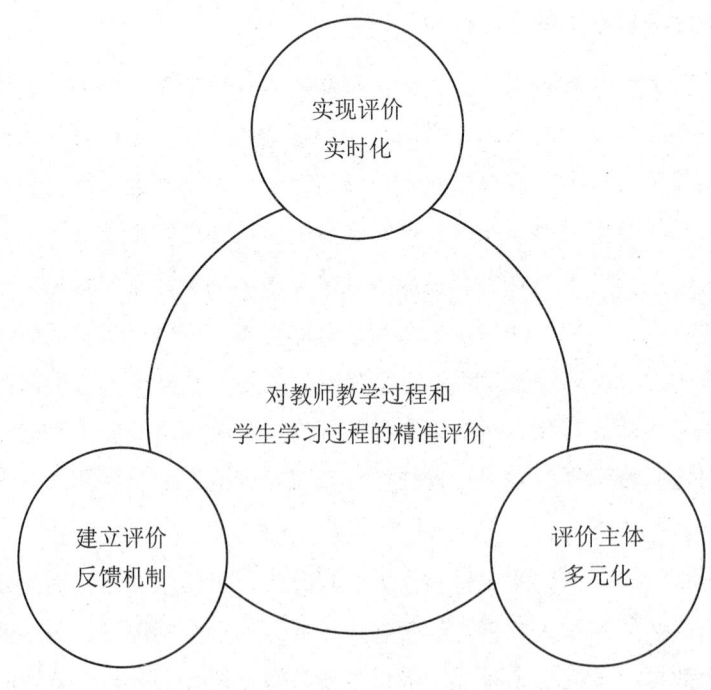

图6-1 对教师教学过程和学生学习过程的精准评价

第一，实现评价实时化。大数据使开放教育对教学及学习的评价实时化成为可能，及时性、全面性是大数据的基本特点。在高校学习平台上，合理科学地利用大数据，能够实时追踪和留存教学和学习行为。高校教育的决策者可以依据大数据对整个教学过程进行分析和评价，教师对学生评价，也应以大数据为基础，深入研究每个学生的先前的学习经验、学习目标、学习环境和学习策略等多方面的因素，实现对学生个性化、实时化的学习评价。

第二，评价主体多元化。对教育管理专业的学习评价要立足于全面促进学生的发展，改变以往由教师为主的评价方式，充分利用学生本身也是教育工作者这一特点，促使他们发挥已具有的评价优势，让他们由被评价的客体转换成评价同伴的主体。在学生自我评价和相互评价的过程中，学生既能从同伴中获得新的学习体会和经验；更能通过评价过程，培养学生辩证性的思维能力；同时还能促使那些自制力不强的学生调整学习状态，能够提高元认知能力，增强其自我效能感。

第三，建立评价反馈机制。目前，教育管理专业的评价是以单向为主，主要表现为教师对学生的评价。一个较完善的评价机制应是双向反馈。一方面，教师要及时反馈学生的学习行为和学习效果，学生通过测评能第一时间对自己的学习状况有所了解；另一方面，学生也要及时反馈教师的教学过程、教学方式等，让教师了解学生对自己教学的评价，知晓学生的诉求，以此为依据做出相应的教学调整。

总而言之，在实施大数据与高校教育管理专业的融合中，教师也不能过度推崇数据在教师教学中的作用与价值。大数据与教育管理专业的深度融合路径是一个仁者见仁、智者见智的话题，在具体的实施中，需要高校完善顶层设计，制定有关的制度和保障措施。

第二节 大数据时代高校教育管理的路径创新实践

一、形成大数据教育管理发展理念

当前，人类正处于"云、网、端"的时代，以及由软件、数据、算法组成的"比特世界"。大数据时代高校教育管理是比特世界的一个关节点，也是至关重要的关节点。在比特的世界，软件、数据、算法是智慧之树的三个创举，数据是智慧产生的土壤，数据是智慧革命的核心。当前，我国高校正处于信息化教育管理向大数据教育管理转变阶段，在高校"智慧校园"建设的过程中，必须大数据理念、大数据制度和大数据机制三维联动，其中，理念是先导，制度机制是关键。

（一）构建分享理念

在高校数据"生态圈"中，各类教育管理是"融通、共享、互激"的存在关系。高校互联网技术是大数据教育管理的基本设施和保障，它的使命体现在两方面：第一，连接作用，"连接"师生、人与资源、师生与学校；第二，支撑作用，支撑"教"和"学"，使之富有效率和创新。发达国家高校大数据教育管理发展较早，数据治理理念比较先进，其突出互联网技术与人的融合，对于我国高校大数据教育管理发展有着重要的借鉴意义，将"推动创新"作为学校互联网技术的价值追求；"让师生更强大"作为发展目标；"使师生的学术更加卓越"是互联网技术的发展愿景。

大数据时代高校应提出全新的教育理念，从多个角度区分全新教育与传统教育的区别；秉承"合作学习是最有效学习"的理念，以移动技术为载体，努力创建"时刻连接着学习体验"的融合学习社区；通过移动设备将教师、学生联结在一起，成为一个学习共同体，在课堂上，教师在移动设备和其他应用程序的辅助下，创设参与性的学习环境，在课堂外，学生利用移动设备实现移动学习，打破课堂限制；在社交、管理等方面，都广泛应用移动设备进行。我国大数据高校教育管理的发展理念要强调"联通与分享、人技相融、应用体验"的特点，要体现中国特色、彰显学校个性。高校要打破部门、学校、行业、地域、国域等界限，建立协同机制与分享机制，从最大限度上践行大数据的开放与分享理念，实现教育资源和数据资源的共建、共享与共融，从而实现高校课堂教学结构的根本变革，实现教育管理水平和教育管理效益的显著提升。

（二）落实"用户中心"导向

我国高校管理层要树立"用户中心"的管理导向，以学校战略发展目标为指导，以业务流畅性为准绳，融合软件、硬件、服务，面向用户提供简单易用、明确统一的集成化服务，以大数据技术和信息推动学校管理模式、教育教学模式的变革。高校在互联网技术规划管理应用方面，要突出人与人、人与资源的高度融合，开发统一的、无处不在的平台，可以简化管理任务，使其更容易被学生接受，该平台是学校业务和"注册办公室"的扩展，并将成为高校的门户网站，为学生提供持续易用的账户、登记材料、课程表、成绩和基本校园信息访问。

高校管理平台是传播紧急信息状态的自动短信和语音广播；是集成校园、地方警察和医务人员的客户端；是"商务办公"的扩展，能够实现账单支付、买书、购票、购物及财政账户管理的无线交易；是"注册办公室"的扩展，有利于课程招生、学习过程的互动和动态的成绩访问；是与校友和家庭保持联系的工具；是集培训和教师、员工访问的统一平台；是传播校园信息的统一平台。高校要加强基础设施建设，寻找一种灵活的、可扩展的方式去替代老化的电信网络设备，同时，寻找对老化设备改进策略，如简化支持，满足学生和教师的需求，帮助学校创收等；融合设备，如手机或平板电脑，是课堂交互性的硬件设备，这些"综合背包"也将尽量减少学生必须携带的学术工具，减轻学生负担，提高教师教学的可靠性，高校应推进这些"综合背包"在教育教学管理中的应用。

二、完善大数据教育管理发展原则

高校大数据教育管理发展涉及制度建设、管理模式、平台搭建、人才队伍建设等，明确工作原则是其成功开展的前提和保障。高校大数据教育管理发展原则主要包括以人为本原则、疏堵结合原则和扬长避短原则

（一）坚持以人为本原则

高校大数据教育管理具有属人的特点，不论是大数据教育管理的物理设施建设，还是大数据教育管理的软件系统开发应用，或是大数据教育管理的隐性文化培育，都必须坚持以人为本的原则。第一，平台是基础，高校应完善大数据教育管理的基础设施，构建学生的物理学习空间和网络学习空间，形成线上线下相融合的立体化学习模式，这些物理设施要体现"用户至上"和"学生本位"的价值追求；第二，高校大数据教育管理的软件系统在开发之初，就应以最大限度地发挥人的主动性、维护人的尊严为基本标准，以人的全面、自由和个性化发展为根本目标；第三，高校大数据教育管理文化不是数据理性，而应将人文关怀融于其中，防止人的尊严、人的价值在强大的技术理性面前被贬低、被异化。在高校大数据文化建设中，要避免"大数据主义"的产生，这就要求高校在规避大数据影响的同时而不否定大数据的正面作用，弘扬数据理性。

（二）坚持疏堵结合原则

在文化多样性的信息时代，大数据技术利用给高校学生教育管理工作带来空前挑战，特别是多元价值及普世价值，将借助大数据、网络等现代技术载体快速传播和渗透到我国高校师生中。我国高校要坚持疏堵结合的原则，宜疏则疏、宜堵则堵。利用大数据技术的互动性和及时性特点，对一些不良文化观念进行疏导，做到因势利导，为管理者和被管理者提供交流沟通的平台和机制。对于错误行为和思想，必须利用大数据技术的预警性优势，做到早预防、早发现、早治理，把问题解决在萌芽状态。

（三）坚持扬长避短原则

大数据的双重效应给我国高校教育管理带来了机遇，也带来了挑战。总体而言，大数据技术给高校教育管理带来的种种机遇和变革的"利"远远大于目前还未出现或者初显的"弊"。针对大数据技术的双面性，高校在制定应对规划、战略、制度时要坚持扬长避短、趋利避害的原则。发扬大数据在促进民主、公正、平等、自由的大学文化建设及科学研究方面的优势，利用大数据的及时性、动态性及互动性等优势，营造新型师生关系；利用大数据的预警性来判断教育管理动态趋势，做到防患于未然；利用大数据的先进性，提升教育管理信息的安全性，从而保护师生隐私和数据财产不受损害，对于大数据可能产生的隐私泄露等影响也要提前防范。

三、构建大数据教育管理顶层设计

在高校大数据教育管理新范式建立过程中，加强顶层设计，建立相应体制机制是关键。互联网技术所带来的变化是关于组织政策、所提供服务类型、财政预算与支出、内部工作流动与工作行为、互联网技术应用成果等方面的转变。顶层设计具有长远性、战略性、科学性的特点。科学的大数据发展规划（互联网技术发展规划）、完善的大数据发展机制（互联网技术发展机制）及民主的治理模式，是大数据教育管理成功的重要原因，这对我国高校大数据教育管理有着重要的启发意义。

（一）明确战略规划

高校大数据教育管理发展战略规划是高校在现有条件和未来条件下，为更好地实现战略既定目标所采取的措施。我国高校要加强大数据教育管理发展的顶层设计，就必须制订学校大数据发展战略规划，这样才能做到胸有成竹。高校互联网技术战略规划的两大关键问题是资金来源及决策机制，在资金来源方面，构建全校性的以集中为主、适当分权的长效互联网技术投资机制，以保证资金的高效分配和投资；在决策机制上，采取多群体参与的互联网技术治理结构，从互联网技术治理结构、多用户参与的互联网技术评估体系（院系主任、行政主管、教师、研究者、管理者、互联网技术员工、研究生、本科生代表）、首席信息官（Chief Information Officer，CIO）身份与角色定位三个方面来解决。基于用户主导、各群体广泛参与、民主治理的模式，互联网技术战略规划成为全校性的共同愿景，从而降低在实施过程中来自用户的阻碍。高校大数据教育管理变革是一场自上而下的变革，这要求我国高校管理者在制订大数据战略规划的时候，要用战略的眼光、可持续发展的原则和开放协同的思维去行动。高校大数据教育管理发展要以建设"绿色、节能、智能、高效"的智慧校园为目标，对利益分配、资源统筹、平台搭建、治理结构、评价激励等方面进行精心设计和规划，要突出人与技术的深度融合，体现"技以载道"的技术智慧和技术人性，要激发各方参与的积极性和主动性，最终促进高校教育管理质量和效益的提升。

（二）落实组织领导

专门的教育信息管理机构是必要的，2012年，中华人民共和国教育部成立了信息化领导小组，同年，中华人民共和国教育部成立了教育信息化专家组，用以指导全国教育信息化推进工作。大数据时代高校要在各级各类学校逐步建立教育信息化CIO制度，明确一名分管领导担任首席信息官，全面统筹本单位信息化的规划与发展，要明确教育信息化行政职能管理部门、业务应用推进部门、技术支持部门等各主体在教育信息化建设应用格局中的责任与义务，建立教育信息化和网络安全问责机制，确保教育信息化的健康、有序发展。高校要将信息化、智慧化与现代大学治理紧密结合起来，促进信息技术与教育教学和服务的深度融合。高校信息化领导机构需要重新调整，信息化部门要从单一的技术管理型向技术型与管理型并重的方向转变，加强海量数据的分析利用，充分发挥其潜在价值。

我国当前急切需要探索 CIO 的运行模式，统筹高校的信息化规划、系统建设、应用推广和业务协调等工作，在二级学院、单位和部门均设置专门的信息员岗位和人员，使信息化嵌入高校的每一个单元之中，尝试推进两级信息建设（信息员制度、学院试点制）。要建立"一把手"责任制，逐步建立由校领导担任 CIO 的制度，全面统筹本单位信息化的规划与发展。信息的核心就是利益重组与流程再造，只有确立了 CIO，才能真正实现重组。不管是独立设置的 CIO，还是兼职 CIO 头衔，都要根据各校实际，关键是要发挥他们在学校决策战略中的"核心"作用，必须能够影响大学决策，才能真正实现管理上水平、管理智慧化。

一个称职的高校 CIO 必须具有复合能力，包括系统规划能力、信息化教学和课程改革领导能力、教师专业发展领导能力等。在工作态度上，高校 CIO 要积极主动，不能等待 CEO 来灌输发展战略、业务部门来反馈互联网技术需求、下属来汇报系统问题，而是积极主动向 CEO 提供决策影响，且不断提高影响力。在工作内容上，高校 CIO 不仅要关注技术，更要关注业务。互联网技术的业务价值主要体现在业务运营、业务增长与业务转型，如果不关心所在机构的整体业务目标和战略，那么就无法提出引起领导层兴趣的方案。在工作创新上，高校 CIO 要学会变革管理。总而言之，高校 CIO 一定要积极推动创新，不管是技术创新还是应用创新；一定要主动研究变革，不论是技术变革还是组织变革；一定要关注目标，不仅是互联网技术目标，更重要的是高校总体发展目标。

（三）明确发展架构

高校教育管理课程的整个发布过程是流水线型的，从课程登记到课程资源准备和设计，到内容的格式化和标准化、建立课程站点、初步评价、阶段发布、故障排除和完善等，各环节紧紧相扣，流水线化能够保证工作效率的提高，降低项目运作成本，并且分工和协作合理，从而整体推进了工作进度。同样，我国高校大数据教育管理发展必须要有一个清晰的架构，才能使数据采集、管理、使用、维护等各环节衔接有序、运转顺畅，从而促进学校各项事业可持续发展。我国高校制订符合学校定位与发展实际的大数据发展规划。坚持业务导向和问题导向，坚持建设与运维并重，要提出具体明确的大数据发展战略规划目标，要在广泛调研基础上任务聚类，要提高制度建设、规划方案的科学性和可操作性，考虑全员的利益，加强需求调研，促进师生的广泛参与，提高规划的科学性、决策的透明性，让数据中心的建设效果最大化。

四、完善大数据教育管理制度规划

高校大数据治理制度建设应从"规范"和"促进"两个维度进行：一方面，要通过法律法规促进大数据利用和交易规范化，从而保护个人隐私、保护数据安全；另一方面，要通过法律法规促进高校教育资源共享平台、数据平台的建设和开放。

(一)构建健全大数据制度体系

高校要以大数据制度的制定为契机,推动教育管理制度体系的整体变革。在高校大数据制度生态中,包括两类制度:一类是规范制度;另一类是促进制度。近年来,我国绝大部分的"211"高校都制定了学校大数据管理办法。例如,西安交通大学发布实施了《西安交通大学信息化数据管理办法》,对数据的管理机构和数据的产生、运维、存储、归档、使用及服务等管理过程进行详细规定,坚持统一标准、全程管控、安全共享的原则,保证信息化数据的完整性、规范性和一致性,为学校教育管理提供高质量信息服务;《清华大学校园计算机网络信息服务管理办法(试行)》《北京大学慕课运行管理条例(试行)》《中山大学信息网络管理规定》《华南师范大学信息系统数据管理办法》等都体现了高校对大数据管理规范化、科学化、安全化的共同诉求,这些制度作为规范高校大数据教育管理的制度。高校大数据教育管理的促进制度,包括对教师拥抱大数据技术和教育改革热情的保护、激励制度,师生实时、完整、真实而准确采集信息的鼓励制度等。

目前,我国高校不论是规范制度还是促进制度都处于探索阶段,已经制定的大数据教育管理制度都缺乏完整性、系统性、稳定性及可持续性,表现为某一阶段的应急之策。甚至存在高校为"大数据"而"大数据"的问题,部分高校投入巨大成本开发了研究生管理综合信息系统,在数据采集方面花大力气进行部署,但实际工作中这些数据仅增大了数据库的量,并没有起到方便学生学习和生活的作用,违背了大数据教育管理"高效、快捷、方便"的初衷。例如,高校一般要求学生发表指定级别期刊论文,又要求及时将这些期刊论文以扫描件形式传入研究生管理综合信息系统,但是在毕业资格审查时,仍要求学生持期刊原件到办公室。导致这种现象的产生,可能原因有三种:第一,软件应用系统不"科学"、不好用;第二,学校管理人员对学生缺乏信任、对软件程序缺乏信任;第三,学校管理人员观念落后、思维守旧。不管是哪种原因导致的结果,这种做法会从一定程度上削减学生对大数据应用平台和软件系统的好感,而逆反的情绪容易产生虚假的数据,不利于高校大数据教育管理的可持续发展。因此,高校在制定本校大数据管理办法的时候,应在遵循国家法律法规的基础上,根据学校实际、地区实际,制定具有可行性和创新性的制度,应考虑管理制度的稳定性和可持续性,在规范大数据教育管理行为的同时,积极促进大数据教育管理的变革。

(二)处理大数据建设相关争议

高校大数据管理制度主要包括采集制度、存储制度、使用制度、公布制度、审查制度、安全制度等。形成完善的制度体系是一个完整的过程,当前高校这些制度的建立处于探索阶段,存在一定争议,主要包含以下六方面:第一,在采集制度方面,存在告知数据生产者(拥有者)知情权与义务的明确规定是否必要的争议。第二,在存储制度方面,存在存储期限的争议，哪些数据需要设定短期存储、哪些数据需要设定中期存储、哪些数据需要设定长期存储、哪些数据需要设定永久存储仍没有定论。保存期限与数据的性质及存储者所评估的数据价值相关，但是主观评估价值都具有相对性，现在认为没有价值的数据也许未来是价值很大的。第三，在使用制度方面，存在着有偿使用还是无偿使用的争议。如果无偿使用，高校办学资金有限，然而有偿使用，有悖教育的公益性，也阻碍数据的流转、传播与价值放大。第四，在公布制度方面，存在着原始数据之争、粒度之争、安全之争、质量之争、价值之争、虚实之争。第五，在审查制度方面，存在业务部门审查还是技术部门审查还是第三方审查的争议，数据采集存储部门审查发布，则对数据质量不能保证，第三方审查或技术部门审查，因对业务不熟悉，只能从宏观或技术层面进行查错。第六，在数据安全制度方面，存在究竟人防和技防哪个更可靠的争议，其实要做到"人防"与"技防"相结合。高校制定数据安全管理办法的核心内容应包括：建立数据安全管理的部门架构；建立数据资源的保密制度、风险评估制度；采用安全可信产品和服务，提升基础设施关键设备安全可靠水平；采取数据隔离、数据加密、第三方实名认证、数据迁移、安全清除、时限恢复、完整备份、行为审计、外围防护等多种安全技术等。高校必须高度重视这些大数据制度争议，并努力予以解决，否则高校大数据相关制度的制定将无从下手。

（三）加快制定大数据有关标准

高校应广泛应用区域教育云等模式，积极推动各级各类学校建设基于统一数据标准的信息管理平台，实现各类数据伴随式收集和集成化管理，形成支撑教育教学和管理的教育云服务体系。数据的价值是通过数据共享来实现的，但是高校教育管理大数据的异质性给数据共享带来挑战。因此，需要鼓励提高智慧教育设备的互操作性、源数据和接口及标准的可共享性，从而提高数据的可访问性和价值。

目前，高校之间、高校内部普遍存在数据不兼容、不统一、无法共享的问题。高校大数据标准制定的前提是遵循国家标准和行业标准，即国家大数据标准和教育行业标准，这样才能既保证高校内部各类数据之间的统一和共享，又能与学校外部各类教育数据进行集成与共享。高校数据标准应具有可行性、适用性和延展性；可行性和适用性的要求保证大数据标准从高校业务实际出发，具有切实可用的价值；高校又要立足长远的教育变革，使数据标准具有延展性。此外，高校在选择大数据技术合作伙伴时，不仅要顾及其技术能力及业务领域的成熟度，同时还要考虑技术方案与现有数据及标准的兼容性，以提高数据的可访问性和价值。特别是学校内部或高校之间的资源采取标准接口和协议，并对异构的、动态变化的教学资源进行整合，这是建立共享机制的基础。虽然高校数据标准应根据国家数据标准进行，但是在国家教育管理大数据标准出台之前，高校应该积极主动组织教育管理大数据方面的专家和业内人士进行提前谋划与研制。

五、推进大数据教育管理协同发展

（一）加强政府宏观引导

在高校大数据教育管理协同机制中，政府主要在政策法律法规、资金投入、协同科研、标准制定、考核评估和宣传奖励等方面发挥宏观指导作用。促进高校大数据教育的法律法规包括两类：一类是规范法律；另一类是促进法律。高校大数据教育管理生态系统中的关键因素当属隐私、安全和道德问题，对于隐私的保护、安全的保障和所有权的澄清是大数据技术应用不能回避的挑战，必须正视且予以合理解决，以促进大数据技术合乎人伦地使用，促进其工具理性与价值理性的统一。目前，我国高校促进网络学习的考试制度、诚信制度、评价制度也还是空白，需尽快出台。普通教育与职业教育和继续教育的沟通有赖于终身学习成果认证体系及学分累计及转化制度的建立。对于诚信问题的解决，可以借鉴大型公开在线课程项目，依靠网上监考技术、凭借打字节奏判断学习者是否为本人的方法，也可以英语四、六级在线考试的改革方式，联盟高校相互设置考点，学生就近机考。因此，要完善大数据制度规约，寻找发挥高校大数据价值、规避大数据技术风险之道。

加强政府宏观引导主要体现在：第一，政府要建立健全数据的采集、审查、公布、存储、使用、保护制度，平衡管理创新与隐私保护、数据规范与自由发展；第二，政府要加大对高校教育管理大数据技术研发的资金投入，重点在人工智能、实时处理海量数据及数据可视化分析及应用方面；第三，政府要改进购买、使用和审核的分离，提升"信息化建设项目"的可持续性，要坚持集约化，提升投资绩效，推动机制创新，推动信息技术与高校教育教学深度融合；第四，我国政府要实施智慧教育重大应用示范工程，促进优秀应用方案的推广实施。

（二）促进社会积极参与

高校大数据教育管理发展离不开社会力量的参与，高校要与企业协同，发挥各自优势，共同研发教育管理大数据技术和培养大数据人才。中华人民共和国教育部继续深入开展与中国移动、中国电信及中国联通三大电信运营商的合作，这是政产学研协同育人的良好举措。实际上，在校企合作方面，各高校已进行了有益的尝试，如西安电子科技大学与360公司合作，以西安电子科技大学网络与信息安全学院以及国家网络安全人才培养基地平台为依托，共建西电-360网络安全创新研究院。目前，与360公司展开合作的高校有北京大学、武汉大学及西安交通大学等高校。

我国高校要进一步加强与企业合作，结合国家、地区及学校的实际，联手打造具有本土特色的智慧教育方案，建立高校大数据技术与安全保障体系，以技术、方案、服务和运营推动教育服务市场发展。同时，高校也应利用自身对教育教学管理业务熟悉的优势，依托学科、专业，结合教学实际，研发相关大数据产品，还要借助社会力量促进高校教育大数据技术成果的推广和应用。目前，我国规模最大、最权威和最具影响力的教育成果展是中国国际智慧教育展览会，截至2022年已成功举办了十二届，是我国首个专注教育信息化的展览会，旨在促进信息技术领域与教育教学领域融通，依托政府保障，传达权威学术，以专业化商业运作的展现方式，来努力打通教育信息化发展的"最后一公里"。

（三）积极开展国际合作

我国高校必须抢抓机遇、博采众长、知己知彼，方能实现教育管理工作跨越发展。部分发达国家在教育、经济、科技、人才及国家综合实力上具有先天优势，这使他们抢得了大数据教育管理发展的先机，并积累了一定的经验，这对我国高校大数据教育管理具有重要的借鉴价值。我国高校要建立国际交流与合作平台及机制，促进走对路、少走路、大超越。第一，我国高校要加强在大数据教育管理技术方面与国外高水平高校的合作，增强我国大数据关键技术、重要产品的研发力，拥有技术主权，避免教育大数据技术的垄断与殖民；第二，我国高校还要加强在学科建设及人才培养等方面的国际交流与合作；第三，我国高校还要坚持网络主权原则，积极参与数据安全、数据跨境流动等国际规则体系建设，促进开放合作，构建良好秩序；第四，高校教育管理的变革是一项系统工程，面对全球智慧教育的发展潮流，必须保持理性，既不能跟风，也不能坐失机遇。国际上的智慧教育方案大都处于边研究、边实践、边应用的阶段，企业开发的产品基本上都是第一代，虽然体现了智慧教育的愿景，但是还不具备大面积推广的价值，我国高校大数据教育管理方案也存在这些问题。

总而言之，我国高校在学习借鉴优秀高校大数据教育管理成功经验的同时，要用批判的眼光和战略的思维，提出适合国情、能够解决实际问题的大数据教育管理发展方案。

六、加强大数据教育管理分享机制

高校教育管理数据资源开放程度越高，产生的价值则越大。高校教育管理公共数据资源统一开放的程度包括低、中、高三度，高校公共数据资源低程度统一开放仅限于部门内部，中等程度公共数据资源统一开放限于地区，而全国统一开放的高校教育管理数据库则是高程度的，当然更高程度的统一开放是面向全球，从而达到人类知识信息共享。

（一）分步实施，逐步推进

公共数据服务正成为未来新兴产业，逐渐走向集成、动态、主动和精细的发展阶段，但是在数据公开方面，引导潮流的很难是个人或企业。显然，代表公共利益的政府应是数据开放潮流的引领者和规则制定者。开放共享机制成为必然。但是目前高校开放和共享意识还不够，部分"211"高校尝试资源共享、学分互认，一些部门和机构拥有大量数据，但以邻为壑，宁可荒废也不愿意提供给其他部门使用，导致数据不完整或者重复投资，浪费了大量人力、物力、财力。大数据时代已经来临，我国需要共享精神。各高校大数据共享机制的建立也可以采取分步实施、逐步推进的方式，可以考虑以立法的形式，在保证数据安全的前提下，先强制后自觉，逐步冲破部门、学科、专业、行业、领域等之间的壁垒，不断推进高校教育管理大数据实现更高程度上的开放、共享和应用。

（二）创设利益共享的激励机制

高校大数据教育管理发展是一项系统工程，需要建立多方参与、无缝对接的合作共同体。推进高校大数据教育管理面临的阻力有很多，包括资金、技术、人才及体制机制等，其中，体制机制是关键，利益共享是各方密切合作的动力。合作共同体也是利益共同体，不同的利益诉求、相同的求解方式，将多方联结在一起，所建立健全利益共享机制具有较强的战略意义。例如，在国内大部分高校的开放课程建设投资中，占比较多的是政府和高校投资，社会公益投资很少，大数据教育管理的成本分担机制没有形成。要构建多方融资的渠道，就必须有合作方各自利益点的发掘。有些高校已经尝试实行学分互认，为了长期可持续合作的需要，建议可以尝试推行完全学分制，或者在目前不完全学分制的基础上，对各门课程学分估价，对于依托合作高校在线课程修满的学分，可以给合作高校适当的费用补偿。

此外，建议建立科研数据的分级共享机制，对于造福全人类的科研数据建议建立数据开放共享的激励机制。国家在宏观政策的引导上，对于致力于推进知识传播、文化发展和社会进步的慕课资源进行经费补偿；设立智慧教育进步奖，对于推进大数据教育管理的相关教师及管理者进行表彰奖励；鼓励学校内部实行教师职称评聘等制度改革，对大数据教育管理相关奖励予以肯定和倾斜；在国家高等教育教学成果奖的评选导向上，建议将高校大数据教育管理作为未来教学成果奖评选的重点内容之一。

七、形成大数据教育管理评价体系

教育数据"资产"是智慧教育构建的基石，只有建立科学的评价机制，才能推动从数据采集到数据利用"一体化"发展，实现智慧教育的良性循环发展。

（一）建立完善的评价体系

开放式课程（Open Course Ware，OCW）在组织架构上，将评估咨询委员会作为麻省理工学院院长办公室下面重要的一级机构，其建立了一个专门的评估团队，设计一个集项目评估和过程评估于一体的评估体系，并分别制定了评估档案。项目评估侧重评估课程的访问情况、使用情况和影响情况；过程评估考察OCW实施过程，评估其工作效率和效果。项目评估与过程评估体系相结合的方式，有助于评估团队全方位了解项目的实施和进展情况，以便制定相应的改善措施。此外，学校也应高度重视评估工作，对移动学习计划进行持续的监测和评估，每年发布移动学习报告，为学校下一步科学决策提供依据。我国高校应加强督导，形成对高校大数据教育管理的评价机制和反馈机制；要加强大数据教育管理评价体系的顶层设计，将大数据基础设施和制度建设作为高校的基本办学条件之一，作为一个高校达到现代化的重要观测点，纳入学校的基本评价指标体系之中。与此同时，建立高校大数据教育管理建设和实施过程中各个环节的具体评价体系，高校大数据教育管理建设指标体系的设计要突出教学的中心地位，坚持效果评价与过程评价相结合的原则。

（二）构建完善的评价方式

以英特尔未来教育项目为例，它有一个明显的特点，就是强调评估的重要性：从一开始就实施评估流程，这种评估和跟踪体现在新计划的规划与设计流程中，以及财政预算与人力资源的分配上。只有当评估结果出来后，才能做出关于开发方向的决定。英特尔未来教育项目斥巨资进行教育评估，其采用第三方客观评价的方式进行。我国高校大数据教育管理中，也要重视各种规划或工作的实施情况，进行阶段性和总结性评估，评估其实施状况与实施效果是否达到了最终的目标。我国高校要建立量化督导评估和第三方评测，将督导评估结果作为相关人员奖励和问责的依据，以提升学校发展教育信息化的效率、效果和效益。我国高校大数据教育管理建设中，既要关注整个数据治理的全流程管理，又要关注数据分析和利用的效果评估，通过对高校数据采集、数据全流程管理、数据质量、数据治理能力、数据利用等各个环节的项目评估、过程评估和效果评估，促进高校大数据教育管理各个环节的改进，这是一个长期的持续优化和迭代的过程。

八、提升大数据教育管理对师资培养

人是第一位的生产要素。加强专业人才培养，建立健全多层次、多类型的大数据人才培养体系，是未来中国大数据战略的重要人力资源支撑。创新人才培养模式，建立健全多层次、多类型的大数据人才培养体系。信息化的技术特征决定了人才投入是更具决定性的因素。大数据治理的核心是人，人既是大数据技术价值追求者，又是大数据隐私的主体和捍卫者。专门的工作队伍建设是高校大数据教育管理发展的重要人力资源保障，高校大数据人才应当是技术背景和管理教学专家的双重身份。然而，目前，我国高校大数据人才的状况是教师数据素养普遍不高，对新媒体技术重要性认识不足及技术运用能力较低。我国高校大数据师资队伍建设可以从以下三方面着手：

（一）创新培训方式

对高校教师的培训，从内容上而言，不仅包括大数据技术，更包括大数据理念、大数据思维。以英特尔未来教育项目为例，它的主要授课方式就是三种模式：人机交流、机机交流和人人交流。在互联网、大数据技术背景下，高校教师必须具备基本的信息素养和大数据素养，熟练掌握并运用新技术促进教学革新。在人与人交流模式中，合作、体验的特点得到彰显；在模块化的学习中，创新的思维得到彰显。对高校教师大数据素养的培训不能期望一门信息技术教育基础课程能够解决一切问题，要将信息技术能力培养与课程、具体准备项目相融合。实施教师准备项目，确保教师按照有意义的方式掌握技术使用。模拟如何选择和使用恰当的应用软件工具为学习提供支持，并能评价这些工具的安全性和有用性。高校要在培训中贯穿自主、交互、探究、体验式的学习活动，充分利用网络平台开展研讨和交流，让教师体验新的学习方式，让他们日后将所学运用于自己的教学中。

（二）改革培训体系

教师是大数据时代"更加成熟的学习者"，教师和学生之间是相互协作的工程师。高校在大数据人才培养方面具有特殊使命，不仅要培养数字公民，教育者自身的信息技术能力也要求很高。大数据时代教师角色将发生巨大转变：由传统的"知识占有者"向"学习活动组织者"转变；由传统的"知识传授者"向"学习的引导者"转变；由"课程的执行者"向"课程的开发者"转变；由"教教材"向"用教材"转变；由"知识固守者"向"终身学习者"转变；由"教书匠"向"教育研究者"转变。大数据时代，高校教师的信息素养包括对信息的收集和处理能力及运用信息技术进行专业教学和提升的能力。高校应要建立从业人员的岗前培训和岗位继续教育制度，提高全体人员的网络安全意识，提升从业人员的职业技能和水平，建立并完善教师专业发展培训课程体系，重新设计教师职前培训项目，将原有的一节技术课程转变为可以使教师深入运用技术的教师职前培训课程，要改革职后培训项目，使其内容紧跟时代潮流及教育改革潮流，能够与时俱进反映学生发展的根本需求。教师职前培训课程体系建议设置"基础课+专题课+核心课题十自选课"的课程模块。

此外，课程体系也不应是千篇一律的，而应根据不同的培训对象采取不同的方案，差异化的培训课程和教材，才能更加有效地提高全体教师的大数据素养，且不同对象不同时期的培训内容也是灵活变化的，这一切都应根据培训对象的需求决定。对于职后教师的培训，需要学校根据教育管理工作的需要和教师的特点进行，要采取个性化的培训方式，即"按需培训""多元培训""个性化培训"。

（三）协调多元力量

高校教师大数据素养培训主体包含三种：一是教育行政主管部门；二是信息技术提供商；三是高校。要建立协同机制，充分利用社会资源，加强对高校教师大数据能力的培养，高校可依托政府培训项目，遴选教师参与培训，建立大数据人才库；与大数据技术公司、大数据应用公司及大数据培训公司等企业合作，如华为、阿里巴巴、百度等，不断提高教师信息技术使用能力、大数据分析能力及教育教学改革创新能力，或在国内设立培训基地，建设试点高校，充分发挥其对其他高校教师发展的辐射和示范作用。与此同时，也要加强国际合作，可以与智慧教育领先的国家加强合作，双方互派培训人员，相互学习、相互借鉴，从而推进我国高校教师大数据素养不断提升。高校除了提升教师的大数据素养，还应提升学生的大数据素养。高校教育教学活动是师生共同参与的活动，具有"双主体"的特点，任何一方的大数据素养不高都会影响大数据教育管理的顺利进行。智慧教育是一种"人机协同工作系统"，即人和技术协同作用而构成的教育系统，即人是技术的主宰，让教师和学生能够善于应用技术，与技术协同进行教与学，进而提升教与学的品质。

第三节　大数据时代高校双创教育管理工作的实践研究

"高校双创教育（即高校创新创业教育）的主要目标就是培养学生的创新意识和创业素养，以切实解决当前大学生就业紧张的社会问题。"[①] 为引导大学生敢于创新、勇于创业，高校要以创新意识积极拓展双创教育管理的路径和方法，发挥大数据技术优势，为学生的创新创业提供行业、市场、资源、运营等方面的数据支持，以更好地促进大学生的创新创业，进一步体现高校双创教育管理实践的积极作用。

一、大数据时代高校双创教育体系

长期以来，我国高等院校对专业人才的培养目标简单划分为研究型人才及应用型人才，传统教育观念认为大学生毕业的选择就是考研和就业。随着我国步入基于知识和信息的时代，为了促进经济发展和解决社会矛盾，加强创新和创业的能力培养成为高等教育的发展方向，主要原因在于：第一，在现代国家的综合国力较量中，高新科技起着至关重要的作用，高新科技的本质就是创新，而创新的关键在于人才。我国需要具有创新能力的大学生将来担当起这一重任。第二，市场需求越来越倾向于多样化，小批量、多品种的生产成为当今社会的新特点，在这种背景下，具有高新技术含量的商品更容易赢得市场，因此，基于科技创新、经营灵活的小型公司企业相对具有优势，这对于富有冒险精神的大学生进行创业是很好的时代机遇。第三，当高等教育成为大众教育，大学生就业问题成为愈演愈烈的社会矛盾。大学生创业不仅可以解决自己的就业问题，同时还能够提供大量工作岗位，有利于社会的稳定和发展。

高等院校承担着教学和科研的任务，皆具有创新的品质，是培养学生创新创业能力的温床。通过输出高素质创新创业专业人才，进而对区域发展与国家竞争力产生积极的长远影响。对于能源领域而言，培养具备创新创业能力的新型人才是解决我国日益严峻的能源环境问题，实现低碳经济、资源节约型与环境友好型社会的重要保障。创新创业人才培养尽管取得了长足进步，但仍然存在很多问题，主要表现在：创新创业教育的受益面仍然只是小部分学生群体，很多学生对创新创业不关心，参与度不够；各类学科竞赛在各大院校开展，而对于大学生创新性学习和创业训练不够重视；部分大学生的创业项目仅仅是简单的商业活动，脱离了科技创新和专业特色，与国家所提倡的大学生创业精神不符。之所以存在以上一些问题，是因为高校的创新创业教育还处于摸索阶段，没有形成成熟的创新创业教育体系。通过不断探索，积累经验，深入理解创新创业人才培养机制、构建创新创业教育体系是有效开展创新创业教育的关键。

---

① 燕晓彬：《大数据时代高校双创教育管理工作探索》，《继续教育研究》2021 年第 8 期，第 92 页。

(一)大数据时代高校创新创业教育机制

推动和促进创新创业教育的发展需要学校、社会和政府的共同努力。创新创业教育涉及学生、教师、政策、资金、学校、企业等各方面的因素,是一个有机统一的整体。创新创业教育应以专业教育为根本,在师资、教材、课程、实践方面大力投入,打造良性的产学研模式。

1. 有机融合创新创业教育体系

长期以来,创新创业教育的受重视程度不高,执行标准不一。为了改变这种状况,应该科学定位创新创业教育。促进创新创业教育与专业教育体系的有机融合是当前创新创业教育重要任务,以学生的全面发展为本,逐步将创新创业教育纳入素质教育范畴之中,贯穿于教育管理的全过程。在一个统一的框架下,进行课程设置、师资建设和学生培养,使全体学生都成为创新创业教育的受益对象,培养创新精神、提高创业能力。

2. 充分发挥学校专业优势

在推进创新创业教育过程中,应该有针对性地强调和发挥专业特色。一方面,对于各学科专业而言,创新和创业的内容有较大差别;另一方面,对于大部分学生而言,离开自身的专业优势,创新和创业的质量就没有保障。因此,对于不同学科专业,应该充分利用各自的资源和相关创新创业经验,有针对性地进行培养和锻炼,无差别的创新创业教育很可能使收效不明显。此外,创新创业教育也要注意到少数学生的兴趣和特长,允许创新创业内容的多样性,鼓励和引导学生得到健康发展。

3. 培养高素质专业教师团队

建设一支既有理论知识又有实践经验的高素质的教师队伍,是创新创业教育的关键,要鼓励教师在开展理论及实践研究的同时,反馈和总结教学经验,不断提高在专业教育中渗透创新创业教育理念的意识和能力。此外,建设多元化的教师队伍也很重要,要积极争取来自企业、政府的人才讲授部分专业课程或创新创业教育课程,这有益于创新创业教育紧密结合社会实际,课程教育内容具体生动。

4. 完善优质课程体系建设

优质适用的教材和先进的教学方法是创新创业教育课程体系的重要组成部分。从政策上和资金上支持和鼓励教师开展创新创业教育理论研究,开发适合本专业的创新创业教材,探索行之有效的教学模式和教学方法,对于充分调动学生的学习积极性是十分必要的。创新创业教育课程体系的建设需要与专业教育课程体系有机融合,不仅要把创新、创业的理念融入专业教学之中,还应重视学科的互补性和教学的综合性,强调理论课程和实践课程的有机结合,形成内容丰富、操作性强的创新创业教育课程体系。

5. 探索产学结合是创新创业的实践平台

创新创业教育是理论与实践的结合，而其实践性特点更为突出。高校创新创业教育教学过程应该以实践活动为载体，将创新创业教育与实验教学、实习见习、毕业设计以及多种形式的创业计划大赛等第二课堂活动相结合。与此同时，要积极推进大学科技园和创业孵化基地建设，充分发挥科技园连接高校与社会的桥梁和纽带作用。创新创业教育的发展也离不开产业界的参与和支持，应积极探索校企合作教育模式，促进产学合作，进一步加强高校学生科技创业实习基地建设，使之成为高校开展创新创业教育的重要实践平台。

（二）高校创新创业教育体系的实践经验

下面以中南大学能源动力类专业为例，阐述中南大学能源科学与工程学院构建创新创业教育体系的实践经验。中南大学能源科学与工程学院自开展创新创业教育以来，在学院领导的高度重视和全体教师的积极配合下，经过多年探索实践，逐步构建形成了自己的创新创业教育体系。具体工作可以归纳为以下八个方面，如图6-2所示。

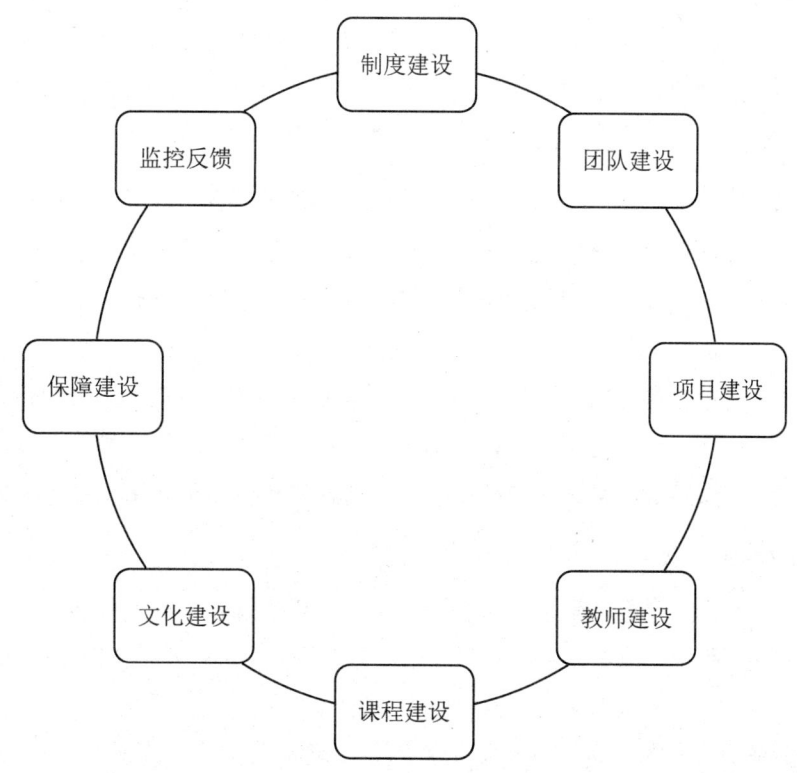

图 6-2 中南大学创新创业教育体系

1. 制度建设

中南大学能源科学与工程学院进一步制定和完善"大学生创新创业训练计划实施办法""大学生创新创业训练计划项目及经费管理办法"以及其他学科竞赛相关的制度文件。

从项目组织申报、立项、执行、结题验收都做出具体规定，对指导教师在工作量上补助、奖励、考核办法做出具体规定；对参加项目学生给予相应的学分，对项目成果突出的学生授予荣誉称号，从而为中南大学能源科学与工程学院开展大学生创新创业训练工作提供制度依据和政策保障。

2. 团队建设

中南大学能源科学与工程学院设立了创新创业社团和学科竞赛社团，有共同爱好、兴趣的学生结合在一起实现智慧、激情、朝气的碰撞。团队实行自我管理、教师辅助指导的模式，培养学生的创新精神和创业实践能力，尤其注重培养学生的团队精神。通过专项的研究探讨与实践经验交流，很多简单的想法逐步成熟到国家级、省级的创新创业项目。中南大学能源科学与工程学院的团队建设注重承前启后，在一个团队里既要有大三、大四的老成员，也要有大一、大二的新成员，并鼓励学生在团队里跨学科、跨专业，取长补短。

3. 项目建设

中南大学能源科学与工程学院通过出台相关政策，设立专项经费，每年遴选多个优秀项目进行前期资助。在院级资助政策中明确项目申请、评估、经费监督等具体实施办法，并得到了落实。鼓励和激发学生提出好的创意，设立专干教师收集学生好的想法，并配备指导教师进行指导，重点培育有潜力的项目。

4. 教师建设

教师队伍建设是一项长期的系统工程。在培养创新创业教师方面，中南大学能源科学与工程学院重点关注以下四方面工作：第一，要求教师利用横向科研课题机会，积极到有关部门、公司、企业参观锻炼，为指导创新创业项目和学科竞赛项目积累实践经验；第二，要求年轻教师参与创新创业教育，担当各类创新创业项目和学科竞赛项目的指导教师；第三，聘请公司、企业实践能力强的专家与教师共同担任学生实践指导教师，以提高实践教学效果；第四，打造经验丰富、稳定的创新创业课程讲授教师队伍和项目指导教师队伍。

5. 课程建设

根据能源学科专业创新创业教育的需要，中南大学能源科学与工程学院建立了专门的教师团队编写课程教材，并对各专业本科生培养方案进行全面改革。在课程体系构筑方面，着眼于创新创业教育与专业教育相融合，着眼于学生创新意识的培养、创新创业能力的增强。创新创业教育课程共设立了8个学分，其中，理论课程和实践课程均有32个学时。考核办法上并未采取简单的考查方式，而是提交具体的创新项目或创业项目，并从可行性、创新性、合作能力等方面进行考核，注重实践能力培养。

6. 文化建设

中南大学能源科学与工程学院致力于创新型校园文化建设，如通过开展大学生科技活动月、大学生创新创业训练计划项目成果展、学生论坛、名家讲座等活动营造创新创业教育的文化氛围，以自主创新、先进高尚的文化培育学生、塑造学生，使继承、创造、发展的理念扎根在每位学生思想里。

7. 保障建设

中南大学能源科学与工程学院设立了能源学院创新创业教育基地，有专门的办公室、教室、机房和专业实验室；配有容纳 220 人的多媒体教室，可以保障课程正常进行；现有流程工业节能湖南省重点实验室、智能化综合能效管理技术国家地方联合工程中心等科研平台，供学生在创新创业实践课程中了解、参观和学习。

8. 监控反馈

在项目实施过程中，中南大学能源科学与工程学院设立了创新创业专干教师监管负责创新创业教育工作，对创新创业成果进行统计和整理，并将创新创业教育工作的进展和存在的问题及时反馈给学院，使学院能够及时采取应对措施和对各项工作进行调整。

通过对创新创业教育体系的不断改进和完善，能够在一定程度上调动教师对创新创业教育工作的积极性，学生受益面得到了显著提高。近年来，中南大学能源动力专业的学生在国家级学科竞赛获奖名次，国家级、省级创新项目资助，创业项目的科技含量和质量上都逐年攀升，表明中南大学能源科学与工程学院的创新创业教育进入良性循环的轨道。在此基础上，进一步增强创业意识、促进创新项目转化为创业项目已成为创新创业教育的工作目标，这将对于提高能源动力类专业大学生就业率，提升我国企业科技竞争力，活跃市场，实现节能减排、低碳经济等方面具有重要的现实意义。

二、大数据时代高校双创教育管理特性与变革

（一）大数据时代高校双创教育管理的特性

高校双创教育的理念就是基于当前社会的多元化发展态势，结合学生的多元化发展需求，依据社会发展规律和时代特征，采取切实有效的教学模式和管理方法，来提高学生应用所学知识分析问题、解决问题能力。最主要的目标就是要培养学生的自我管理能力、学生的创新意识、学生的团队协作精神和敢于挑战的实践精神。

1. 时代性

高校双创教育是时代发展的产物，它是基于当前国家的创新驱动发展战略，结合社会发展的多元趋势以及学生就业所面临的现实问题，对大学生所展开的基于重点培养适应社会发展能力的教学形式。当前，世界经济新格局已经逐步形成，各种新业态层出不穷，社会对高校的人才培养提出了更新更高的要求，时代的发展也使得市场经济呈现出了更加激烈的竞争态势。大学生在未来的社会竞争中能够在职业素养、文化素养、精神意志、创造能力等方面都表现出一定的优势，就能够更好地适应社会的发展，这是他们必备的核心素

养。因此，高校双创教育受到了社会的广泛关注，一方面，由于它契合了当前国家的发展思路，有着诸多切实的政策鼓励和政策支持；另一方面，由于社会的发展与进步离不开创新创业，技术创新和各行各业的发展是推动社会进步的最主要动力。基于此，高校双创教育具有明显的时代特征。

2. 开创性

高校大学生的创新创业实践主要基于他们的创意理念，高校双创教育正是通过课程教育、教学管理对他们进行思想与意识的引导，培养他们敢于创新、勇于创造的探险精神和面对困难与失败的抗挫折能力。与此同时，也通过课外的创新创业实践活动鼓励并指导大学生积极地表达他们的创意理念，并将这些创新创业意识付诸行动。高校双创教育的核心本质就是要通过理论引导和实践指导，将学生的心理行为转化为实际行为，从而培养他们的积极思维，培养他们将思想付诸行动的实践能力。这对于大学生而言无疑具有开创性。

3. 创新性

创业教育的宗旨是为了培养高校大学生的创新精神和创业能力，而这些都基于学生的创新意识。学生创业成功与否在一定程度上取决于其创新意识、创新方向及创新精神。因此，双创教育就是要通过逐步培养学生的创新思维、创新意识，塑造学生的创新品格，并且逐步提高学生的创新创业能力。在这一过程中，高校双创教育就是要通过教学理论引导和实践，让大学生将创意转化为商品意识和品牌运作实际行为，使这些大学生以一种全新的、从未出现过的形式将自己的创意在市场运营中体现出来，并通过创新行业业态、链接新的服务形式来体现自己的创造价值。

（二）大数据时代高校双创教育管理的变革

随着信息技术的迅速发展和广泛开发应用，人类社会正在全力迈入信息社会。随着5G、人工智能、物联网、区块链等新兴技术的发展，人类社会已朝着智能化和数字化方向迈进，算力的重要性也因此被提到一个前所未有的高度。据浪潮人工智能研究院预测，到2025年全球算力规模将达 6.8Z FLOPS（FP16），与2020年相比提升30倍。信息社会为高校学生教育管理带来了更为高效和精准的信息化手段，也为大学生的成长、成才提供了新的舞台和机遇；与此同时，良莠不齐的信息，对高校学生教育管理也造成了一定影响，严重影响着大学生的健康成长与全面发展。

1. 时代变革使高校转变管理理念

大数据带来的最大便利便是信息可获得性极大增强，为大学生获取学习和娱乐资源、交际途径、自我心理满足等方面提供了更大的空间，这必然要求高校学生工作者从传统的"硬性"教育管理向"柔性"管理转变，从一味管理教育向服务引导转变。顺应这一转变，就要求高校学生教育管理工作者全面树立数据意识，通过互联网技术和校园信息化手段，充分挖掘大数据蕴含的规律和关联因素，及时发现数据中存在的潜在规律和主要问题，把这些规律用于潜移默化的引导和服务,对发现的问题提前预防和引导,确保学生健康成长,顺利成才。

2. 大数据方法论普及促进管理革新

大数据应用是基于对海量数据中蕴含的"潜在价值"的认识,从谷歌公司2009年成功预测流感的实践开始,大数据已经在商业变革和医疗、科技以及天文、历史等各个领域的各个层面得到了充分应用。大数据显然已经成为信息社会人们认识和改造世界的方法论,这个方法论把传统的因果关系推到了关联关系,通过挖掘和分析事物发展过程中存在的关联效应,用这些关联规律来指导管理工作实践,能够避免传统的周期过长的规律验证过程,从而有效提高管理工作的时效性。在高校学生教育管理工作中,充分运用大数据技术,挖掘数字化校园各个应用系统和学生社交化数据中蕴含的信息,能够为学生教育管理服务提供决策依据,必然会使管理更加人性化与精准化。

3. 数据碎片化提升信息利用难度

大数据的特征就是数据量大、类型多、价值稀疏,但产生和失效的速度快。随着云计算、社交媒体、移动互联网、物联网等互联网技术的兴起,大学生在日常学习、生活和社交中产生大量碎片化的数据,这些数据分散存在于各类应用系统、社交媒体中,综合难度大,独立利用价值低,但经过充分整合挖掘分析后又蕴藏大量有价值的规律性信息,这是高校学生教育管理工作中迫切需要的。发觉这些规律性信息,必然要求高校学生教育管理部门提高"数据能力",能够负责任、高速、可持续地处理大量数据,从而更为有效、精准地获取校园舆情,分析学生的兴趣点,精准有效地开展学生教育管理和服务工作。

4. 信息获得的机遇与挑战并存

随着信息技术的广泛应用,以互联网为基础的各类媒体上充斥大量的信息资源,这些资源良莠不齐,给缺乏是非判断能力的大学生既带来了广泛兴趣,也带来了前所未有的冲击。一方面,这些资源既可以成为高校学生思想政治教育的重要素材;另一方面,大学生自主吸收时如果不加甄别,容易带来一定的影响。与此同时,新媒体的广泛使用,使得信息的传播速度和传播量大大提升,对信息过滤和舆情监测提出了更高的要求。

三、高校双创教育管理工作的大数据来源

目前,大部分高校已经形成了校园网。各高校在校园建设的基础上,形成了学生上网认证系统、教务管理系统、校园门禁系统、学生管理系统、财务系统、图书借阅管理系统、学生校园消费查询系统、学生自主选学系统等应用系统,在数字化校园建设方面取得了很大进展,在高校人才培养和学生健康成长方面发挥了重要作用。经过多年的运行,这些系统产生了大量数据,构成了高校学生教育管理大数据的主体。与此同时,学生在互联网和微信、微博等新媒体上浏览、交流活动所产生的数据,也是高校学生教育管理大数据不可忽视的组成部分。

（一）学生的行为数据

高校学生管理系统中往往包含学生的基本信息、家庭情况、学生心理健康、学生奖惩信息及资助信息等数据资源，这些结构化数据中蕴含了大量学生行为特征信息，可以作为学生行为、兴趣爱好分析及违纪预测的重要数据来源。学校财务系统和学生校园消费查询系统则能够反映学生的缴费情况、勤工助学酬劳等信息，以及在一定时期的就餐和其他消费情况，是分析学生的家庭经济状况的很好参考，是开展学生资助工作的重要依据。

（二）学生的学习数据

学校教务管理系统包括学生选课信息、考勤信息、考试成绩、教师上课评价等有效信息，是学生学习行为的全面反映。图书借阅系统能够储存学生所有借书信息，学生自主选学则记录了学生网上选学的课程信息，这些蕴含学生的学习兴趣，可以成为学习推荐服务的重要参考。

（三）学生的健康数据

随着社会和教育界对大学生心理健康的广泛关注，各高等学校纷纷将信息技术引入学生心理健康教育工作，建立完善的学生心理健康教育管理服务系统，这些系统通过开展基础信息收集、健康心理测评等方式，汇聚了大量学生心理健康数据。通过分析这些数据，能够直接反映出学生心理健康状况，及时发现存在的问题，对高校学生工作部门制订个性化的心理健康服务计划，帮助学生健康成长具有重要价值。高校可以根据新生心理健康测评结果，开展心理健康约谈，针对不同学院开展不同的心理健康讲座、团体辅导。校园网认证系统包含学生经过学校校园网出口访问的所有网页信息，不仅能够反映出学生的兴趣爱好，对学生浏览网页的类别、内容进行分类和语义分析、挖掘，可以及时发现某些学生人格方面的缺陷。

（四）学生的社交数据

新媒体技术的长足发展，引致了学生对使用网络和新媒体开展社交产生了浓厚兴趣。每天在腾讯QQ、微信、微博、论坛等网络平台和相关应用中产生大量碎片化数据，这些数据不仅包含学生交流的信息，也蕴含着学生的诉求和各类情绪，能够充分反映校园舆情。利用这些数据，深入开展信息挖掘和全面分析，对心理监控状况、掌握学生思想、挖掘学生骨干等具有重要的参考价值。

以上数据来源是根据调查情况初步做出的判断，只有对各个系统进行全面整合，才能形成大数据时代高校教育管理工作大数据。

四、大数据时代高校双创教育管理工作的策略

大数据时代运用大数据支持管理服务决策毋庸置疑。高校双创教育管理工作必须紧跟

形势，运用好信息化技术和大数据，充分挖掘大数据的潜在价值，为工作决策提供数据支持。

（一）全面树立数据意识

数据是资源、资产，数据中蕴含的信息是管理决策的重要依据。高校已经建成使用的各个应用系统、互联网和手机都是数据的重要来源，而高校双创教育管理工作者对大数据的认识还不到位，需要进一步树立收集和利用大数据的意识。对高校学生管理工作而言，要进一步提高数据敏感性，注重数据分析的重要作用，积极运用分析结果提高学生教育管理的效率，实施精准化管理、个性化服务。

（二）全面整合大数据价值

高校校园网中各个应用系统往往独立运行，加上互联网和微信、微博等数据的碎片化特征，要形成真正的大数据，还需要进一步制定政策，运用技术手段开展数据整合工作，通过全面整合，打通数据之间的壁垒，使数据被重新激活，形成更大的价值。通过整合学生管理系统和教务管理系统，可以深入挖掘学生行为和学业之间的关系，建立相应的预测模型，对学生学业和行为进行预警，在问题发生之前采取相应措施，确保学生健康成长，顺利完成学业。以云南农业大学为例，该校启动的"数字农大"工程建设，提出"云服务"的信息化建设理念，加强信息资源整合力度，推进学工系统、校友系统、教务系统等系统的数据对接与共享，并建立了数据交换共享平台、统一身份认证平台和统一门户平台，数据整合工作完成后将推进学生教育管理大数据机制建立。

（三）构建专业分析团队

大数据搜集与处理需要更为专业的技术与复杂数据挖掘需能力。目前，高校学生教育管理队伍难以满足数据驱动需求，应及时成立高校教育管理大数据工作领导小组，组建专门的数据搜集团队和分析挖掘团队。运用计算机技术开展数据采集和数据融合，运用数学、统计学的原理开展数据挖掘与建模，形成预测和决策的数据可视化成果，把这些成果应用到高校人才培养中，实现个性化推荐学习资源，为学生量身定制学业计划，及时分析校园舆情影响，实时预测学生思想动态，将会提升高校学生教育管理的有效性。

（四）确保数据安全保密

大数据时代如果不能确保数据安全，将会造成"大数据就是大风险"的后果。由于新技术的产生和发展，对隐私权的侵犯已经不再需要物理的、强制性的侵入，而是以更加微妙的方式广泛衍生，由此所引发的数据风险和隐私风险，也将更为严重。高校教育大数据不仅整合了高校师生信息，也包括大量学生学习、生活和社交以及校园舆情方面的数据，将这些海量数据集中存储，虽然方便了数据分析和挖掘，但如果由于安全管理不到位造成数据丢失和损坏，则将导致一定影响。因此，高校要在发展教育管理大数据的同时，切实加强制度建设，形成数据规范化管理，要明确数据管理的职能部门，制订严格的工作方案和预案,对哪些数据可以公开,哪些数据在一定层面公开,哪些数据必须保密做出规定,也要对可能出现的风险建立防控预案,保障数据安全的同时,维护好师生和高校自身的利益。以云南农业大学为例,该校以可管、可控、高速、可靠为目标,改造了校园网出口网络结构,增加了专业级防火墙,启用"私有云"数据中心平台,进一步提升了校园网络的安全性。

(五) 促进双创教育与专业教育融合发展

第一,基于高校双创教育与专业教育有机融合能够更好地促进高校内涵式发展的教学理念,高校要积极转变传统的人才培养理念,学校的各部门更要统一认识,深刻理解高校双创教育与专业教育相结合的重要意义,从顶层设计方面优化高校双创教育的模式,注重应用信息技术培养大学生的创新意识、创造能力和创业精神。

第二,各高校要强化高校双创教育管理制度建设,要积极构建应用现代信息技术的高校双创教育与专业教育相融合的制度体系。通过制度保障挖掘各方面的优势资源,整合现有的优质教学资源,进一步构建科学合理的高校双创教育管理机制。与此同时,要利用信息技术构建专门的高校双创教育教学机构,具体组织与实施高校双创教育教学和实践活动,以发挥信息技术优势,简化高校双创教育运作环节,使高校双创教育更具有可操作性,有效地促进高校双创教育与专业教育的有机融合,并且进一步强化信息技术在二者融合发展过程中的积极作用。

第三,各高校要加强教材建设。结合时代发展特征,从学生的学习习惯、思维方式、认知能力方面去构建体现时代特征的教材体系和教学模式。编写符合高校实际情况的高校双创教育教材,将实践教学纳入高校双创教育教材体系中,从而改变传统的单向传输理论授课模式,以确立学生主体地位的多元化、多层次、多维度的互动实践学习模式。高校要注重体现大数据的技术优势,使大数据能够成为教材体系、教学模式中的重要部分,从而为学生提供更多的技术支持。

(六) 构建高校双创教育实践平台

当前,全社会都对高校双创教育予以关注,各级政府都对本地区高校双创教育在平台建设、政策引导、资金扶持方面给予大力的支持,这为高校双创教育奠定了基础,创造了良好的条件。高校可以利用这些有利条件,积极构建高校双创教育实践平台,建立高标准、高质量的大学生创新创业实践基地,为学生提供更多在企业里学习与实践的机会,使他们能够按照高校双创教育的教学理念进行创业体验,应用信息技术建设创新实验室,为学生提供表达创新诉求并将他们的这些诉求付诸行动的机会。在实验室中,利用信息技术模拟创新实验、创业项目运营等,并利用大数据技术为学生提供行业方面、技术方面、市场方面的信息数据,通过实验锻炼大学生的实践能力,拓宽大学生的眼界,培养他们的创新思维。

（七）加强高校双创教育政策宣传

地方政府可以给予当地高校双创教育政策上的鼓励，在其他方面大力支持的基础上，利用政府的信息优势和宣传资源打造政策宣传平台。通过网络媒体、大数据技术，积极宣传高校双创教育的社会效应和时代价值。通过树立地区优秀企业家形象，表现全社会对企业家社会价值的肯定和对企业家的尊重，从而为大学生树立创业典型。积极发挥这些典型形象的标杆示范作用，来指引大学生的创新创业方向，端正他们的创新创业态度，对大学生的创新创业形成正确的思想引领，从而在大学生创新创业伊始帮助他们树立正确的社会责任意识和光荣的时代使命感，进而构建整个社会尊重创新、倡导创业良好的社会大环境。此外，高校还要加强有关高校双创教育政策的建设与完善，通过制定各种奖励制度清除大学生在创新创业过程中的政策阻碍，从而使他们的创业活动能够顺利实施，进一步提高他们的创业成功率。

（八）形成良好的双创互动平台

大学生的创新创业活动需要建立在互动合作的基础之上，只有这样，才能整合优势资源，形成合力效应，进一步提升创业成功率。创新创业者联盟这一创新创业互动平台构建就是基于这样的管理理念，具体而言，它是通过利用信息技术，特别是应用大数据技术构建一个广泛沟通互动的社交平台，在这一平台上，政府职能机构发挥其主导作用，围绕高校汇聚创新企业、学生创新项目、高校科研成果、风险投资机构、大学生创业孵化器等。以上这些合作互动主体在职能部门引导下展开广泛的沟通交流，充分了解各方的创新创业意向和利益诉求，通过大数据所提供的各方面的数字信息，了解市场发展动态、了解社会需求等，从而在沟通了解的基础上形成各种合作模式，为有创业意向的学生、有创新需求的企业寻找合作的机会，并为他们提供数据支持和技术支撑，从而帮助他们整合社会各方面的优质资源，充分发挥自己的资源优势，促进创业项目的进一步发展。

（九）鼓励学生参与双创竞赛活动

创新创业需要做好前期的社会需求调查、市场发展研究、风险因素评估、项目的可行性调研等，需要大学生在这些方面有更多的实践锻炼机会，以便他们总结经验提高认识。高校应积极组织一些创新类创业竞赛活动，通过政策鼓励提高学生的参与度，引导大学生在其中寻找创业契机、寻求创新方向、寻求合作路径，为学生提供更多的实战训练。高校职能机构要积极组织这方面的专家学者成立评选组织，从参赛项目、发展规划、组织机构、实施计划、合作形式等方面综合评选出适应时代发展、具有市场发展前景、科学合理的创新创业项目。高校要将其作为重点，从政策支持、资金扶持、资源整合、运行指导等方面提供实质性的帮助，从而培植一批有希望的创业项目，并促进这些项目的成功，为大学生提供成功的创新创业范式，以调动大学生的创业热情，更好地推动高校双创教育的发展。

高校双创教育管理要加快信息化建设，通过加大高校双创教育的宣传，让大学生更加深刻地认识的创新创业的社会价值和自我价值,从而使大学生对创业形成全新的认知,进而调动大学生的创业热情。高校要积极利用大数据为大学生提供市场、资源、运营等方面有价值的数据信息,以帮助学生拓展创新创业路径,构建多元化合作模式,进一步促进高校大学生创新创业,更好地实现高校双创教育管理目标。

五、大数据时代高校学生就业监测预警系统构建

随着移动计算、物联网、云计算、网络社交媒体等一系列新型技术大批量涌现,互联网时代正在迅速地发生转型,大数据时代的到来,引发并促进了人类工作、生活、教育等各个领域的变革,它所产生及捕获的海量数据正在对各行各业的发展产生巨大的影响。在当下高校毕业生人数屡创新高、就业形势十分严峻的大背景下,应充分利用大数据优势特点——产生速度快、多样化、多方交互性等,构建高校毕业生就业监测预警系统,实现对大学生创新就业的实时监测,更加科学合理配置大学生资源,缓解大学生就业压力,这显然是一个值得思考与研究的问题方向。

就业是衡量一个经济体运行好坏的重要指标,从理论层面上而言,有效的就业监测预警系统有助于高校提前了解总体经济状况,为其做进一步研究奠定坚实的基础。预警是为防范某种突发、不测事件的发生,通过构建能够反映被关注对象的指标,对其进行监测、监控,预测预报可能出现的警情。预警在逻辑上应包括:明确警义、寻找警源、分析警兆并预报警度。明确警义是前提,是预警研究的基础;寻找警源、分析警兆属于对警情的因素分析及定量分析;预报警度则是预警的目的所在。

目前,对就业预警系统的研究还处于起步阶段,相关成果较少,高校毕业生就业预警系统是根据社会、行业对人才的需求,政府、高校和就业机构等按照预定的科学程序和技术手段,以高校毕业生就业相关影响因素为指标,对其进行监测,同时对高校整体以及各专业的就业状况和形势进行纵、横向的评估,在信息分析的基础上预报就业形势变化,并根据警戒线发布就业预警的系统。

基于大数据管理的高校毕业生就业监测预警系统可分为外部宏观环境、内部运作流程及大数据管理系统:首先,外部宏观环境是高校毕业生就业监测预警系统的运作受外部宏观环境因素的影响,如政策法规、经济体制、市场行情等;其次,内部运作流程由信息收集监测系统、信息统计分析系统、就业危机预警系统及警情处理反馈系统;最后,大数据管理系统可概括为"数据获取与集成""数据存储""数据处理""解释分析""预测与决策"五个阶段流程。外部宏观环境、内部运作流程及大数据管理系统在实质上形成一个有机环,彼此两两之间相互关联、相互作用。

第一,外部宏观环境——内部运作流程。当外部宏观环境如政策法规、市场行情等发生变化时,会产生一定的刺激反应,这种刺激反应通过渠道传送给内部运作流程,内部运作流程据此对其进行环节调整、流程完善等工作;内部运作流程实施的过程中,根据流程

作业生成对应的现状分析报告、预警处理方案等将通过反馈机制，传送给外部宏观环境，外部宏观环境依据报告、方案等适时地对政策法规进行修订完善，对市场运行进行干预。

第二，大数据管理系统——内部运作流程。对于内部运作流程而言，内外部环境的不确定性所导致的预警失误是其最大的风险，大数据管理的引入为减少风险提供了强有力的技术支撑，大数据管理依据其"五阶段流程"收集海量数据，对内外部环境进行及时快速有效的针对性分析，并通过数据输入将这一分析报告传送给内部运作流程以供参考；内部运作流程实施中，通过其子系统对数据获取、处理、分析的同时，也将通过大数据管理的数据输入渠道传送进大数据管理系统，并将数据存档，作为数据储备，以备后期研究所需。

第三，大数据管理系统——外部宏观环境。在外部宏观环境发生变化，将刺激传送给内部运作流程的同时，也通过大数据的数据输入渠道将刺激传送给大数据管理系统，存入数据库中；大数据管理系统，通过其内部运作流程，利用其海量数据对应地会生成数据分析报告，通过数据输出渠道将相关报告传送给外部宏观环境，以便其进行适当调控。

大数据时代高校学生就业监测预警系统主要包含以下四个方面，如图6-3所示。

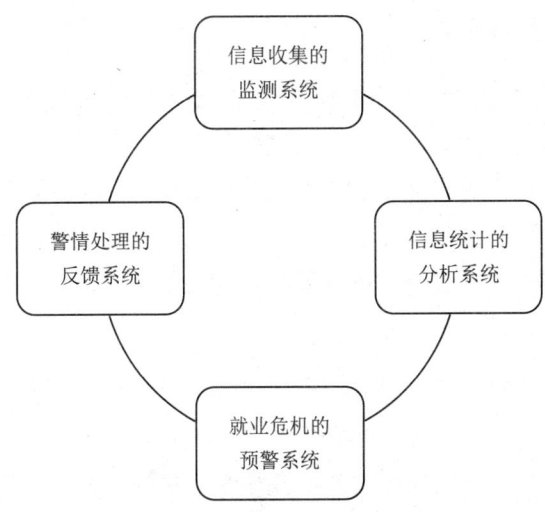

图6-3 大数据时代高校学生就业监测预警系统

（一）信息收集的监测系统

信息收集监测系统是高校毕业生就业监测预警系统的第一步，是内部流程运作的基础，属于事前预警阶段，功能主要是通过一定的信息收集渠道及监测技术方法，对五个系统主体与高校毕业生就业相关的因素及行为进行收集及监测：第一，政府，如高校毕业生就业创业促进优惠政策、就业率统计等；第二，高等院校，如招生规模、专业设置等；第三，毕业生，如就业能力素质、就业去向等；第四，用人单位，如劳动力需求变化、用工满意度等；第五，就业服务机构，如就业信息传播、就业辅导等。进而将收集到的因素及行为等预警指标，存入数据库，以备下一步工作开展。

基于大数据管理的信息收集监测系统是在原有的模型基础上，引入大数据管理系统，利用大数据管理平台进行高速、不间断、全面、及时、多层次、多维度地收集内部系统主体及外部宏观环境的数据信息，同时对数据信息进行集成分类存储，大数据管理系统的引入为信息收集监测系统外增了一个强大的数据获取及集成平台。

（二）信息统计的分析系统

信息统计分析系统由"数据库""参数库""数理模型""统计分析技术方法"组成，与信息收集监测系统同属于事前预警阶段。信息收集监测系统做的是将与各系统主体有关的因素及行为进行收集，存入数据库；信息统计分析系统的功能是以信息收集监测系统收集整理的储存于数据库中的数据为基础，结合各种数理模型对数据进行统计分析，并与相应参数的正常标准值进行比较，得出统计分析报告，并将报告传输给下一子系统——就业危机预警系统。大数据管理系统的引入，将实现信息统计分析系统内部数理模型及统计分析技术方法与其数据处理库相结合，系统根据行业、专业特征，有选择地对存储于数据库中的数据信息进行处理及解释分析，最终整合关键信息生成有针对性的统计分析报告。

（三）就业危机的预警系统

就业危机预警系统属于事中监控阶段，功能是对信息统计分析系统上传的统计分析报告进一步的加工，运用人才需求预警、人才供给预警、供求平衡度预警、就业形势预警、专业供求预警、需求结构预警、就业满意度预警等多项预警模型做出警情判断。考虑到定量形式的预警可能会出现一定的不足及漏洞，就业危机预警系统拟建立由知识及经验丰富的专家组成的就业预警专家委员会，融合专家学者的智慧，对不同形式的分析报告做出就业评估、就业预测及就业报警等定性意见。

由于内部外环境的不确定性，原有的系统模型受限于有限容量的数据库，在危机预警方面存在着较大的时间滞后性，预警的准确性和及时性受到制约。大数据管理系统的增设，能够减少预警的时间滞后性、提高预警的准确性和及时性。大数据管理系统具有强大的环境扫描能力及市场行情分析能力，能够依据其内部解释分析系统及预测系统，同时结合各种预警模型，对发生强烈变化的内外部环境做出及时反应，对环境细微变化进行有效感知，实现及时、准确地预测就业变化趋势，对就业危机做出有效预警。

（四）警情处理的反馈系统

从属于事后反馈阶段的警情处理反馈系统，由就业预警专家委员会及内部系统构成。一方面，在就业危机预警系统运行时，就业预警专家委员会针对预测到的就业隐患提出相应的警情处理方案传送给警情处理反馈系统，让其做好预案；另一方面，根据就业危机预警系统传达出的报警信号，警情处理反馈系统通过内部系统处理、确定警源，制订警情处理方案。由两种不同途径得出的警情处理方案，进行综合处理，并依据综合后的警情处理方案对系统主体（政府、高等院校、毕业生、用人单位、就业服务机构）的行为进行相应的调控，予以反馈处理。

在大数据管理系统的作用下，警情处理反馈系统将依据由就业危机预警系统传送过来的报警信号，借助"预测与决策"阶段系统对警情进行分层次、分维度的剖析，根据剖析结果在大数据库中高速检索警情对应预案，汇总整合成一份全面细致的警情处理方案，并予以实施。此外，大数据管理系统因内部存储了海量数据，在制订警情处理方案的同时，也会将行为调整成反馈报告通过数据输出渠道传送给系统主体。

参考文献

[1]吕彦欣.大数据与教育管理专业深度融合路径研究[J].高考,2020（26）:94.

[2]边峰.大数据时代高校学生教育管理工作的创新路径研究[J].教育信息化论坛,2021（1）:15-16.

[3]曹慧.大数据时代高等教育管理的优化策略——评《高等教育管理与教学研究》[J].中国高校科技,2022（1）:129.

[4]陈文,蒲清平,邹放鸣.大数据时代的高校学生教育管理模式转变与应对策略[J].江苏高教,2017（1）:67-69.

[5]陈颖.大数据时代高校教育管理的变革与创新——评《素质教育背景下高校教学管理制度改革的研究》[J].科技管理研究,2022,42（6）:255.

[6]初友香.基于大数据技术的高校教育管理路径探索[J].食品研究与开发,2022,43（2）:233.

[7]洪雷,张佩.大数据背景下的高校学生网格化管理模式构建[J].现代教育管理,2017（12）:96-101.

[8]胡承兵,陈晋.大数据时代高校行政管理信息化建设[J].科技风,2020（3）:99.

[9]胡凌霞.高校教育管理理念与思维创新[M].长春:吉林大学出版社,2020.

[10]胡祖辉,徐毅.大数据背景下高校教育数据的分析与应用研究[J].现代教育科学,2017（1）:109-114.

[11]化开斌.大数据时代的高校学生教育管理模式转变与应对策略[J].山西财经大学学报,2022,44（S1）:86.

[12]柯佑祥.高等教育管理[M].上海:华东师范大学出版社,2001.

[13]李彬,范木杰,崔珊.大数据时代教育管理信息化建设与创新发展研究[J].情报科学,2021,39（10）:101-106.

[14]李娜.大数据时代高等教育规范化管理研究[M].北京:中国纺织出版社,2019.

[15]李燕.新时期高校教师能力培养与专业化发展探究[M].成都:四川大学出版社,2018.

[16]刘嘉,刘冬贵.大数据背景下高校教师队伍的精细化管理[J].继续教育研究,2018（10）:83-88.

[17]刘奎汝.解析大数据时代高校行政管理信息化建设[J].中外企业家,2020（18）:40.

[18]刘瑞丽.大数据时代高校教育管理的走向及实现路径[J].环渤海经济瞭望,2020（5）:138.

[19]史婷婷,关晓伟,常加松.大数据时代高等教育管理的优化策略探究——评《高校教育管理与教学研究》[J].中国科技论文,2022,17（2）:241.

[20]苏静.高校管理队伍专业化建设研究[J].科技经济导刊,2018,26（10）:119.

[21]汪国翔,罗赓.信息时代高等教育管理创新——评《信息时代教育传播研究:理论与实践》[J].中国科技论文,2019,14（8）:11.

[22]王晶.新媒体时代大数据技术对高校教育管理的影响——评《大数据时代高等教育规范化管理研究》[J].中国科技论文,2021,16（1）:138.

[23]王琪.高校人力资源管理与行政改革研究[M].北京:北京工业大学出版社,2018.

[24]王统娟.高校教育管理中行政管理人员专业化建设策略研究[J].记者观察,2018（32）:142.

[25]魏伟华.大数据时代高校学生教育管理工作个性化研究[J].中国成人教育,2016（20）:60-63.

[26]喜超,谭淑娟,白莹,等.大数据时代高校学生教育管理工作创新探索[J].云南农业大学学报（社会科学）,2017,11（4）:110-114.

[27]向爱国.大数据时代高校学生教育管理创新思考[J].化工进展,2020,39（1）:814.

[28]燕晓彬.大数据时代高校双创教育管理工作探索[J].继续教育研究,2021（8）:92.

[29]杨道远.大数据时代高校辅导员发展创新路径探析[J].学校党建与思想教育,2020（20）:78-79,82.

[30]元礼娜.大数据时代高校学生教育管理工作的创新路径[J].食品研究与开发,2021,42（18）:246.

[31]袁兴梅.基于大数据的高校学生教育管理研究[J].中国成人教育,2018（24）:34-36.

[32]张国利.大数据时代高校教育管理思维转向与实践理路探讨[J].中国成人教育,2016（10）:57-59.

[33]郑春玲.大数据与教育管理专业深度融合路径研究[J].广播电视大学学报（哲学社会科学版），2019（1）:113.